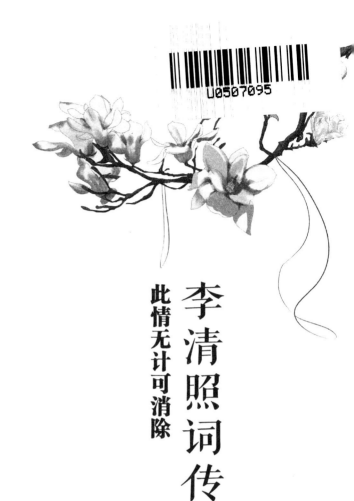

篱落◎编著

此情无计可消除

李清照词传

应急管理出版社

·北　京·

图书在版编目（CIP）数据

李清照词传:此情无计可消除/篱落编著． －－ 北京：应急管理出版社，2019

ISBN 978 - 7 - 5020 - 7670 - 2

Ⅰ．①李… Ⅱ.①篱… Ⅲ.①李清照（1084 - 约 1151）—传记 ②李清照（1084 - 约 1151）—宋词—诗歌欣赏 Ⅳ.①K825.6 ②I207.23

中国版本图书馆 CIP 数据核字(2019)第 181671 号

李清照词传 此情无计可消除

编　著　篱　落
责任编辑　高红勤
封面设计　吕佳奇

出版发行　应急管理出版社（北京市朝阳区芍药居 35 号　100029）
电　话　010 - 84657898（总编室）　010 - 84657880（读者服务部）
网　址　www.cciph.com.cn
印　刷　玉田县昊达印刷有限公司
经　销　全国新华书店

开　本　880mm×1230mm$^{1}/_{32}$　印张　6　字数　130 千字
版　次　2019 年 10 月第 1 版　2019 年 10 月第 1 次印刷
社内编号　20192560　　　　定价　29.80 元

序 / 千古词女 绝代佳人

中国古代是一个以男权为主的社会，女子的地位相对来说较为低下。读书、出仕、拜官、入相等向来都是男子的事，女子不过是家庭的附属品罢了。然而幸运的是，在历史的长河之中，总有一部分女子会腾起朵朵浪花，留下来一首首属于她们的人生之歌。

西施、貂蝉、杨贵妃、王昭君等女子以美取胜；武则天、上官婉儿等女子则在官场比奇；妇好、花木兰等女子驰骋沙场；苏小小、柳如是等女子秦淮争艳……

这些女子，各有其美，以自身的魅力在历史的滔滔江河之中争得了一席之位。

有这样一位女子，她既有风华绝代之姿，又有男儿般的豪情，更有光耀千古的才华，她就是千古第一才女李清照。

李清照，这个在中国文坛上响当当的名字，几乎无人不知、无人不晓。提到她，人们会很自然地将她与"千古女词人""一代词宗""婉约派代表""千古才女"等赞誉联系在一起。

的确，自宋代以来，人们对李清照的褒奖就从来没有停止过。

明代的杨慎认为"宋人中填词，李易安亦称冠绝"；清代的沈谦曾言"男中李后主，女中李易安，极是当行本色"；近代的国学大师吕思勉也盛赞道"北宋女词人，则有李易安。……夫妇皆擅学问，长诗文，精金石，诚一代之才媛也"。

这些赞誉如亮眼的繁星，为这个才女的一生涂抹了传奇的色彩。从这些赞誉中，我们能读出一个女子巾帼不让须眉的气度。毋庸置疑，在男子占据主导地位的中国古代封建社会中，一个女子能够做到这般成就，可谓是一种奇迹。

人们不禁好奇，究竟是怎样百转千折的经历，才能成就这样非凡的人生？这个女子的身上究竟有着怎样的魔力，才能让她在文坛上声名鹊起经久不衰？

常言道："我以我手写我心。"从这点出发，我们在李清照的诗词中寻觅，或许能窥出其中的一鳞半爪。

翻开李清照的诗词：

我们读到了她"常记溪亭日暮，沉醉不知归路"的天真与快乐，看到了她不屑于世俗的眼光，泛舟于湖上，饮酒谈笑，此乃封建女子所不能及；

我们读到了她"倚门回首，却把青梅嗅"的少女情怀，看到了她敢于冲破封建礼教的禁锢，勇于表达出自我在爱情中所享受的心动与甜蜜；

我们读到了她"花自飘零水自流，一种相思，两处闲愁"的离别之苦，看到了她人如残菊，在山河破碎中独自飘零，而她这种在诗词中直抒胸臆的手法是女子所少有的真性情；

我们读到了她"生当作人杰，死亦为鬼雄"的豪言壮志，看到了她在山河破碎之际，在北宋江山危若累卵之时，在有人低头、有人昂首之中尽显文人的不屈气节……

李清照以诗词写尽人生百味，以诗词抒发心中的不凡抱负。她这一生，以诗词表露心声，以诗词唱和生活，以诗词记录人生历程。可以这样说，诗词已经融入了她的血液，融入了她的骨骼，融入了她的心脏，更融入了她的灵魂。

然而这个备受世人赞誉的奇女子，却也经历了常人所无法想象的磨难。无论是她人生前期的幸福美满，还是她人生后期的悲欢离合；无论是她一家的变故，还是一国的兴衰，现实都没有给予这个女子以圆满，只有在她长袖善舞的诗词领域，她才得以酬其志，遂其愿。

在她的诗词中，我们能看到一个书香门第女子的成长历程；能看到宋朝社会生活面貌的缩影；能看到一个家庭在战火中所经历的磨难；更能看到在国难之时，不同的人做出的不同选择……历史上，确实很难再找出一个能与之匹敌的女词人。

李清照的传奇不仅在于她那百年难遇的才华，还在于她的真性情，在于她始终留存的善意，以及一颗热爱生活的心。当然，这其中更包括她在跌宕起伏的人生境遇中宁折不弯的高尚品格。

始于颜值，陷入才华，终于人品。这句话放在李清照的身上，实在是再恰当不过。

正是才华和人格等多重魅力，才让她成为中华民族历史长河中的翘楚之一。

1987年，国际天文学组织对水星上的第一批环形山进行命名，其中有 15 座环形山被冠以中国人的名字。在这 15 人之中，有两位女性，一位是女诗人蔡文姬，而另一位就是李清照。以女性的名字来给天体环形山命名，这在世界历史上尚属首例。

从命名那一刻起，李清照的名字就在离太阳很近的地方，随着太阳的光芒而闪耀，正如她在历史的时空中穿梭，从没有黯淡，从不曾离开，并将带着光芒走向未来一般。

品清照之词，就是在品词人冷暖相生的人生，更是在品宋朝的家国情怀。

目录

第一卷

一方灵秀出才女

一个地方因为有了人才而有了灵气，一个有灵气的地方又会在无形之中孕育着人才。李清照出生在自然环境优美、人文环境瑰丽的济南城，自幼便在书香的浸润之下成长。此外，她本身更是具有极高的天资且勤奋，正是集这样的天时地利人和的要素，才最终成就了一代才女。

一城山色半城湖

　　泱泱中华，上下五千年。在这片神奇而古老的土地上，人才从来都是源源不断的。一个地方因为有了人才而有了灵气，一个有灵气的地方又会在无形之中孕育着人才。无论是先有了这样的地方才有了人才，还是先有了人才方成全了这样一个地方，都不可否认一件事，那就是一个有人才的地方会在历史上闪耀出万丈光芒。

　　成都曾有过杜甫的足迹，于是有了"好雨知时节，当春乃发生。随风潜入夜，润物细无声"的欣然，有了"安得广厦千万间，大庇天下寒士俱欢颜"的家国情怀，有了草堂里的两百多首传世之作，更是让草堂成为留存后世的一道独特的人文景观。

　　杭州曾有过苏轼的停留，于是他笔下的"欲把西湖比西子，淡妆浓抹总相宜"让西湖成为千万人心中所向往的人间天堂。而黄州的名声，更是与苏轼的到来息息相关，一首《念奴娇·赤壁怀古》写尽了赤壁的无限风光，"江山如画，一时多少豪杰"成为千古绝唱，乃至于人们想到赤壁，就能吟出这首词。

游过三峡的李白，以"两岸猿声啼不住，轻舟已过万重山"让途经三峡的人有一种忍不住寻觅猿声并顺流而下的畅快感；来过扬州的李白，仅凭"故人西辞黄鹤楼，烟花三月下扬州"便让扬州闻名天下；登过江西庐山的李白，更是以"飞流直下三千尺，疑是银河落九天"成就了庐山瀑布的文化名片。

……

诚然，一个地方与人才密切相关，或是地方孕育人才，或是人才成就地方。

在中华大地的东部平原地带，就有这样一座历史悠久的文化名城。千百年来，这个地方孕育出的名人可谓是数不胜数，是名副其实的人杰地灵之所，更是中华文化的一个重要标志。它就是山东济南，因其位于济水之南而得名，又因城内多泉又被称为"泉城"。

唐代的李白以"昔我游齐都，登华不注峰。兹山何峻秀，绿翠如芙蓉"来赏齐都之景；元代的张之翰用"南山北济，算难尽、十二全齐风物"来赞美济南；同样是元代的赵孟頫，则用"云雾蒸润华不注，波涛声震大明湖"来描绘他眼中的济南。

在历代文人的眼中，济南似乎是一座来过就要留下笔墨的城市。

的确,因其南依泰山,北跨黄河,有人说它地理位置得天独厚,孕育着济南人的豪迈与奔放;因其城中有随处可见的一泓泓泉水和一池池荷花,于是向来有"四面荷花三面柳,一城山色半城湖"的美誉,有人说它是一道有着江南女子般婉约的如画风景;因其建筑有着"九街十八巷七十二胡同"的特色,一条条巷子蕴育了济南人满含温情和暖意的生活味道,有人说它是最有情趣的家乡。

济南的历史可以追溯到公元前 2500 年至公元前 2000 年,是史前文化龙山文化的发祥地。一本本历史文献,一件件历史文物,都在见证着这片地域的悠久历史。而后的几千年里,更是出过房玄龄、段志玄、秦琼、张养浩、辛弃疾等历史名人,因此,有人说它是一座古色古香的城市。

这里既有江南小桥流水的温婉,又有北方豪迈奔放的气度,加之民风淳朴,文化底蕴深厚,因此,有人说它是一座与众不同的城市。

如果将历史追溯到先秦时期,我们就会发现济南所处的齐鲁大地正是中华文化最重要的一脉,即儒家文化的发源地。儒家文化的孔孟之道从这里向外辐射和延伸,影响了中华民族数千年的历史,而这种深厚的文化底蕴已经注入了这方土地,更注入了齐鲁人的血脉之中。

李清照就是在这样一座自然环境优美、人文环境瑰丽的济南城中出生。这样的相遇，注定了她与这座城有着写不完、道不尽的故事。

在这里，李清照开启了她千古第一才女的人生，而济南因为有了她，也焕发出了别样的风采。现在就让我们走进这座城，走进李清照那平凡而又不平凡的人生。

书香浸润月清照

宋神宗元丰七年（1084 年）的一天，一个普通而又特殊的日子。普通的是，这一天和往常一样都有小孩出生；特殊的是，谁也没有想到，当天在济南章丘一个名为明水镇的李姓人家降生的小孩，日后会成为中国词坛上的一颗璀璨夺目的明珠。这个孩子不仅撼动了中国词坛，还被世世代代所传颂，更为神奇的是，创造这个奇迹的是一个小女孩。

这个没有被历史尘埃掩埋的女孩，就是李清照。

对于人的名字，我们可以将其看成是一个人的代号，但如果仔细揣摩，从中却能挖掘出更深层次的含义。有的人的名字是为了好养活，有的人的名字是父母对他的一种美好寄寓，有的人的名字则是在日后的生活中依据其特性所改的。比如武则天，初进宫时，唐太宗因其相貌而赐其"媚"字，才有了日后的武媚娘。而武则天成为皇帝后，自改其名为"曌"字，以示其如日月般的光辉。

清照，像明月的清辉般照耀着大地，听起来就是一个很舒服的名字。的确，月亮不像太阳那般耀眼夺目，也不像星星那般闪烁迷人，它就那样静静地用它的光普照着大地。而正如名字所蕴含的意义那样，清照最终真的成了一轮以温柔的光静照千年的明月。她，在中国词坛的星空中，闪耀着独属于她的光亮。

或许历史的魅力之一，就在于它充满了无限的可能性和创造性。

现在就让我们把目光集中在这个李姓之家，一探它的底细吧。

清照的祖父辈都是宋神宗时御赐的"**两朝顾命定策元勋**"韩琦的门下之士，而这个韩琦则是朝廷中与范仲淹齐名的重臣，他手握重权，在当时受皇帝的器重，能成为他的门下之士，并不是一件很容易的事。清照后来曾用诗句"**嫠家父祖生齐鲁，位下名高人比数**"写过她的家世背景。

清照的父亲李格非是宋神宗熙宁年间的进士，也是一位很有才学的文学家。

那时，师从于苏轼的黄庭坚、秦观、晁补之、张耒四人被称为"苏门四学士"，而后来同样师出苏轼门下的李格非，则与廖正一、李禧、董荣一起被世人推崇为"后苏门四学士"。据史书《宋史》记载，李格非当时颇受苏轼的赏识。

李格非十分热衷于儒家经典的研究，著有数十万字的《礼记说》，字里行间可以看出他对礼仪文化的遵从。他在研究历史的过程中，还写过《史传辨志》等书，时人对其有"**李格非之文，自太史公之后，一人而已**"的赞誉，或许有些夸大，但却足以见其不凡的文学功底和深邃的思想。

李格非家里的藏书很多，而他自身的著作也颇多，仅诗文就有 54 卷。不仅如此，他对书法也有着浓厚的兴趣。当时"苏门四学士"之一的晁补之，就曾通过诗句"**结交齐东李文叔，自倚笔力窥班扬**"来表达李格非对他书法风格的影响。现如今，虽然李格非的诗文和书法作品流传下来的很少，但从这少量的作品中，我们依然能够看出他对诗文的热爱程度，以及他自身的文化修养和道德水平。

"**文不可以苟作，诚不著焉，则不能工**"。李格非写诗文非常注重"诚"字，认为如果没有坦诚之心，所作之文必不能打动人心，这一点与他的为人处世之道是一脉相承的。

李格非本人十分仰慕魏晋时期"竹林七贤"之一的刘伶，而刘伶此人好老庄，追求自由潇洒的生活，那么，李格非的性情也能从其中窥探出一二。

关于李格非的平生事迹，在历史文献中记载的并不是很多，就有限的记载，都对其人品称赞有加。

据史料记载，李格非在前往某地任职的途中，听当地老百姓说本地有一道士，专门以妖言惑众来骗取钱财，让不少人都遭了殃。结果，这道士恰巧被李格非撞见了，李格非二话没说，让手下的人把这道士拖下马车，狠狠地揍了一顿，并将其驱逐出境。

另一件是李格非在地方任职时的事。当时在任的郡守看李格非的官职低，且俸禄不高，便想让他以兼职的方式来获得更多的俸禄。即使这个郡守是出于一片好心，可在李格非看来，这种违反原则的事情不应该发生在他的身上，于是便坚决地拒绝了郡守的好意。

李格非的代表作中有一篇名为《洛阳名园记》的文章，此文是记录北宋私家园林的一篇重要文献，文中具体而翔实地描写了北宋诸园总体的布局，以及由建筑、花木、假山、池水等园林设计所构成的景观。**"洛阳之盛衰，天下治乱之候也"**，从表面来看，写的是私家园林的景观，实际上却是以这些名园的盛衰兴废来引出对天下太平或动乱的判定，其在一定程度上也揭露了当时那些达官显贵的奢靡生活。

自古文人皆爱竹，竹在古代被喻为四君子之一，其代表着挺拔、坚韧、有气节。晋代书法家王羲之陶醉在"*此处有崇山峻岭，茂林修竹*"的兰亭；晋代文人陶渊明想象着一个"*有良田美池桑竹之属*"的桃花源；而清代诗书画"三绝"的郑板桥则以"*千磨万击还坚劲，任尔东西南北风*"的竹来自喻。作为文人的李格非同样爱竹，他在住所的四周种满了翠竹，并且把屋舍取名为"有竹堂"，以表现他高风亮节的生活态度。

从这些故事中，我们可以看到李格非正直不阿、嫉恶如仇的品格与肩负家国兴衰的情怀。

从这些可以看出来，清照的父亲不管是身份还是地位，都绝不是一个普通的人，而她的母亲，出身同样不简单。

清照的生母王氏是北宋宰相王珪之女，在清照周岁时去世，父亲续弦又娶北宋著名诗人王拱辰的孙女。《宋史》中记载："*李格非，字文叔，济南人……妻王氏，拱辰孙女，亦善文。*"可见，其继母也是一位知书达理的女性，且具有一定的大家风范。

俗话说："物以类聚，人以群分。"你是怎样的人，你就能吸引怎样的人和你相处。因为父亲李格非是一个正直且有文学素养的人，因此，日常与他密切来往的人，也多是一些有相同志趣的文人雅士。在这样的你来我往、交流切磋中，清照也随父亲在和这些文人的相处中受到了熏陶。当时的文人周邦彦、张耒、黄庭坚等就曾多次在清照的家中吟诗作文，切磋才艺，这些都是清照成长中最好的精神食粮。

如果换成现在的话来说，就是家长是孩子的第一任老师，而家庭是孩子的第一所学校。在这样的家庭背景中成长起来的孩子，其文化底蕴、胸怀气度和自我人格又怎么会与常人相同呢？

从一个小小的事例之中，我们就能感受到这种家庭浸润的力量。

唐朝的元结曾写过一篇《大唐中兴颂》的文章，他在文章中写了"安史之乱"后大唐中兴的过程，后来朝廷请当时著名的书法家颜真卿书写后，摹刻在了浯溪的石崖上。到了宋代，苏轼的学生张耒又写了一首《读中兴颂碑》来应和元结的文章。自此之后，许多文人便相继来应和张耒的这首诗，其中大多是士大夫一类的政治人物。

小小年纪的清照在闺阁中听闻了此事之后，毫不怯场，当即就写下了两首很长的诗，其立意甚至比张耒的更加深远。这两首诗一出，文人皆惊，后世的朱熹以"**如此等语，岂女子所能**"一言来表达自己的惊叹之情。由此可见，清照年少的时候就有着非凡的见识与气度。这样的能力，自是和原生家庭有着密不可分的关系。

一个人童年的生活经历与所受的教育水平，基本上能为他将来的人生奠定基调。而深受父亲李格非和母亲王氏影响的清照，从小就酷爱诗词，并且慢慢形成了她自己的人生观和价值观。

不可否认的是，当时的时代背景也为清照的成名提供了便利条件。众所周知，宋朝是一个重文轻武的朝代，甚至被称作是文人的天堂，上到皇帝，下到平民，都喜欢哼唱诗词。比如，宋太宗极好读书，宋高宗精通诗词，宋徽宗更是艺术全才；比如，当时就流行着"**万般皆下品，唯有读书高**""**满朝朱紫贵，尽是读书人**"等民间俗语。哪怕是朝堂重臣范仲淹、王安石、欧阳修、苏轼等，也都是文学大家。整个北宋社会都弥漫着一种文人的气息，诗词成为了一种朝廷与民众皆可为之的文艺形式。

在北宋整个社会全都热爱文学的时代背景之下，身处在灵动的济南大地上，有着书香门第的熏陶，凭借着自身的天资和勤奋，清照占据着成功所必需的天时、地利与人和。

清照浸润在书香的世界中，迎来了她的诗词人生。

就这样，一颗文学之星正在冉冉升起。

第二卷

少女不知愁滋味

　　在安定的时代中成长，且有一个经济相对富足及高素质的家庭，少女时代的清照无忧无虑，显示出了纯真、自由的个性。她喜欢亲近大自然，并发自内心地热爱着生活，在这样的生活体验中，逐渐培养了她极其敏锐和独到的审美能力。

争渡，争渡，惊起一滩鸥鹭

出生在书香门第的清照，在父亲李格非的教育以及母亲王氏的疼爱之下，年少时光是非常美好的，在这些年少的记忆里，我们能找寻到她无忧无虑的纯真与快乐。

清照的童年还得从她的周岁说起。

抓周是中国的传统风俗，即在新生儿周岁的时候，将笔、墨、纸、砚、算盘、印章、文具、钱币等物品放置在桌子上，由小孩任意抓取，以他们所抓之物来判定小孩的志趣、未来的事业或前途。例如：小孩若是抓取了印章，就预示着长大之后会官运亨通；若是抓取了算盘，必定是善于理财之辈；若是抓取了文具一类，则是能在学业上走出一条路。总而言之，不同的物品代表着不同的方向，其中更是蕴含着长辈们对孩子未来的寄托。

《红楼梦》中就有记载，贾宝玉"谁知他一概不取，伸手只把些脂粉钗环抓来玩弄"，这让他的父亲贾政勃然大怒。一个男孩竟然选取此等之物，实在让人不齿。贾政由此认定宝玉是一个不思进取而沉溺于声色犬马之辈，从此，就不再喜欢这个儿子了。

在清照周岁的时候，她也有过这样的抓周体验。从一堆物品中，她随意地抓起了一支毛笔。周围的人认为这是一种巧合，于是将所有的物品打乱之后让其重新选择。没想到，清照的选择依然是毛笔。虽然我们不能尽信这样的方式能判定一个人的未来，但这或多或少也预示着一条未来会走的路，这或许是一种注定。

5岁的时候，王氏想让清照开始学习女红、刺绣之类古代女子必备的手艺，但是清照的心思完全在读书这件事上。在书香门第长大的王氏，思想相对较为开明，她并没有勉强清照依从她的想法，非学习女红不可，而是把清照的想法告诉了她的父亲李格非。李格非听闻女儿的想法，且发现女儿确实有读书的慧根，甚至有过目不忘的本领之后，就把女儿带入了他的书房之中。从此以后，他对女儿进行一心一意的培养。

"女子无才便是德"的古训，在李家是完全不存在的。

在这样开明的家庭教育环境之下，清照从小就对诗词表现出了极大的兴趣，能朗朗上口百余首古诗，且在心中埋下了一颗喜欢作诗的种子。

清照的年少时光，是在书房中与书为伴，沉浸在书给她带来的快乐之中。

她不仅会读，还会写，时常会把读到的那些奇闻异事或书中让她有所感的文字所产生的思考记录在一旁，也时常把小女孩的那些喜怒哀乐以文字的形式记录下来。而每写完一首诗词，清照都会精心修改至令自身满意为止，再拿给她的父母指导。

一个雨天的傍晚，清照倚窗看雨，发现树上的梨花都被雨水打落在地上。此情此景让她一时来了灵感，就和着词牌名填了一首词，并配之以琴声弹奏。没想到，琴声和歌声传到了正在厅中议事的父亲及客人们的耳中，人们瞬间被这清新中带着些许幽怨的声音吸引住，都问其父这首词的作者系谁。李格非虽然心里有些骄傲，但也得保持谦虚，笑言不过是小女闲暇时间的游戏之作而已，引得众人纷纷称赞。

类似这样的小片段，在清照的年少时光中时常发生。

诗词是清照记录生活的方式，既丰富了她的生活，也给了她成就感。

封建社会的女子基本上都是大门不出二门不迈的，安心地待字闺中。但清照和她们不一样，不仅没有待在深闺之中，还四处"招摇"，没事就邀三五个好友在一起喝喝小酒，或是划船游玩，或是作诗填词。回望清照的整个年少时光，最快乐的当属那些游湖的经历。

那是一个云卷云舒的夏日午后，清照携三五个好友结伴出行。此时的湖中，成片的荷花几乎覆盖住了整个湖面，放眼望去，一片"接天莲叶无穷碧，映日荷花别样红"的娇美风光。清照与好友一同撑船出游，一边嗅着荷花的清香，一边吹着凉爽的湖风，就这样徜徉在荷花丛中，一步一景，好不惬意！

清照沉醉在自然之景和友人相聚的美好之中，不知不觉间，夜幕悄悄降临了。她们原本应该返程的，或许是游玩得过于开心，一时之间竟然忘记了来时的路。沉醉之中，暮色之下，舟船误入了一片茂密的荷花丛中。一边划船，一边想着要快点儿回家，划船的声响不由变得越来越大。突然，一群归巢的水鸟被划桨声惊动了，从荷花丛中飞了起来，扑棱着翅膀飞向夜空。眼前这幕意料之外的景象，引得船上青春少女们一阵欢声笑语，清照更是笑得前仰后合。

那一个日暮，那一池湖水，那一片荷花，那一声惊飞，那一阵欢笑，都成为清照年少时光中最快乐、最不可复制的记忆。"**若无闲事挂心头，便是人间好时节**"，这样随心所欲的游玩，这样无忧无虑的快乐，人的一生之中能有多少次这样的尽兴呀？

后来，清照在回忆这段经历时，写下了流传千古的词《如梦令·常记溪亭日暮》。

常记溪亭日暮，沉醉不知归路。兴尽晚回舟，误入藕花深处。争渡，争渡，惊起一滩鸥鹭。

片刻的欢愉，却成为记忆中永远都不会消失的时光。

年少时的清照有一个充满爱并且有着极高文化素养的家庭，她在这样的家庭环境中成长，在这样的家庭环境中享受着美好时光，她的一切都才刚刚开始，还拥有着无限的希望与想象。

知否，知否，应是绿肥红瘦

每个人的童年和少年时代都是一段不可复制的快乐时光。那些犯过的傻，那些做过的梦，那些一起流过的泪，那些一起奔跑过的欢笑，那些相聚时的欢欣，那些离别时的恋恋不舍……所有的这一切都是那样刻骨铭心，因为所有的一切都源自于那颗最纯最真的心。

无论朝代怎么更替，无论是过去、现在，还是未来，处于童年或少年时代的孩童都会有很多的相似之处。

哪怕是生活在北宋时期的清照，她的少女时代同样也是欢笑与忧愁相伴相生。

上巳节，俗称三月三，是我国民间的一个重要传统节日。

上巳节的历史由来已久，在上古时代，上巳成为民俗节日，等到春和景明，人们走出家门，集于水边，举行清除不祥的祓除仪式，称为"祓禊"。《后汉书》中有云："是月上巳，官民皆洁于东流水上，曰洗濯，祓除去宿垢疢为大洁。"文中说的即是以流水洁净身体、让灾厄与疾病随水同去的一种风俗。

到了魏晋以后，固定为农历的三月初三，由于当时社会上崇尚自然、纵情山水的风尚，对人们而言，上巳节祓除的意义大大减弱，而迎春赏游之意则越发浓郁。西晋《夏仲御别传》形容上巳时的洛阳"**男则朱服耀路，女则锦绮粲烂**"。无论男女，都沐浴着春日的阳光迎春赏游，尽情享受着大自然的洗礼。

到了唐朝，上巳节已经成为隆重的节日之一。节日的活动除了修禊之外，主要是春游踏青、临水宴饮。宋人吴自牧在《梦梁录·卷二》中写道："**唐朝赐宴曲江，倾都禊饮踏青。**"说的正是彼时上巳当日，长安城内男女老少盛服而出，在曲江畔宴饮、郊游的景象。杜甫的《丽人行》对此盛况亦有描写："**三月三日天气新，长安水边多丽人。**"中唐诗人白居易在《三月三日谢恩曲江宴会状》一文中也详细记载了盛会的情况。

宋朝以后，三月上巳风俗渐渐衰微，但一些习俗仍在流传。明初时，明太祖朱元璋为示太平盛世、与民同乐，三月初三携大臣们一起春游，这天"**金陵城扶老携幼，全家出动；牛首山彩幄翠帐，人流如潮**"。民国时期，中国各地还留有三月三消灾除凶的风俗。

时至今日，三月初三在中国西南地区的一些少数民族地区中，仍是一个隆重而盛大的节日。"三月三"不仅是广西壮族重要的传统节日，也是彝、瑶、苗、侗、仫佬、毛南等世居民族重要的传统节日。从云南大理每年三月三日举行的泼水节活动中，依稀还可以看到古时上巳节祓禊之俗的影子。在吴地也有上巳节的遗韵。

在宋代，上巳节前后，民间有一项流行的游戏——斗草，即以草作为比赛对象。斗草有"武斗"与"文斗"两种。所谓的"武斗"，就是比赛双方先各自采摘具有一定韧性的草，然后相互交叉成"十"字状并各自用劲拉扯，以不断者为胜。这种以人的拉力和草的受拉力的强弱来决定输赢的斗草，被称为"武斗"。这种斗草多以儿童为主。而"文斗"则是对花草名，女孩们采来百草，以对仗的形式互报草名，谁采的草种多，对仗的水平高，坚持到最后，谁便赢。有时以花草名相对，如用"鸡冠花"对"狗尾草"；有时以草的品种相对，凭多寡判断胜负。

这样的游戏中既有植物知识，又包含文学知识，无论是唐朝所描绘的"*弃尘或斗草，尽日乐嬉嬉*"，还是宋朝的"*青枝满地花狼藉，知是儿孙斗草来*"，都体现出民众对斗草游戏的喜爱之情。

天性活泼、好游山玩水的少女清照，又怎么会错过这么有趣和快乐的游戏呢？空闲时邀上三五个闺中好友，到原野或是溪水边斗草嬉戏，这对她来说是再自然不过的事情。她偶尔也会和院内院外的小女生比一比花卉百草知识，直到兴尽了才再次回到闺阁之中。然而，少年时代的女子，情绪就像夏季的天空，时而阴，时而晴，清照有时也会表现出闺阁中的愁思。

浣溪沙

淡荡春光寒食天，玉炉沉水袅残烟。梦回山枕隐花钿。

海燕未来人斗草，江梅已过柳生绵。黄昏疏雨湿秋千。

三月初三，正是春光极盛时。暖暖的阳光温柔地照耀着大地，青草渗透着一层又一层的新绿，花儿次第开放，空气中弥漫着清新的味道，一切都显得春意盎然。从惬意的午睡中醒来，玉炉中的香已将燃尽，一丝醉人的香味在房间中萦绕。

未曾想头上戴着的花滑落在枕边，勾起了一场春梦。

还没有到海燕飞回来的时候，邻居家的儿女们便迫不及待地玩起了斗草的游戏，他们无忧无虑的欢笑着，这欢笑声让清照的心都沉醉了。曾几何时，清照也如他们这般天真和快乐。那群快乐的小女孩中本应有她自己的身影，熟知各种草类知识的她原本也是斗草中的高手啊，可如今怎么就没有这般心思了呢？都怪这春天来得太慢，走得却太快。

往窗子外面望去，院子里的江梅已落，只有软绵绵的柳絮在春风中摇曳着、飘飞着。不知不觉间，三五点雨水降下，打湿了那静静的秋千，眼看着黄昏已然临近，心儿便不由自主地生出愁来。

盛极汴京城的斗草游戏，清照都已无心再玩。这少女的心啊，是这般捉摸不透，她或许在思念梦中的那个人，又或是在等待着有人同她共赏这春景呢？

又是一个春日，清照一个人静静地坐在窗前消磨这闲暇时光。窗外的树木已近浓绿，这春想来已经过了大半了吧！可惜啊，没有什么能把春天的脚步挽留下来，清照只能一个人在这深深的院落中独自感伤。此刻，屋内的门帘垂了下来，遮掩住了春天尚留的那些亮光，显得那般厚重，让她的这颗敏感的心又添了几许阴沉。

既然没有什么能排解这心中的烦闷，索性就把这股情绪倾诉在瑶琴的音乐中吧！独倚栏杆，轻拨瑶琴，琴声欲说还休。远处的山依旧是云雾缭绕，似乎是拨不开的愁。黄昏就要来临了吧，那细雨又轻飘飘地来为这暮色点缀。细雨晚风中，这院里的梨花就要零落一地了。曾盛开得这般灿烂的花，却随着春天的逝去，也黯淡了色彩，这春风春雨都尚且不忍心，何况是我这惜春的人呢！可终究还是留不住啊！

这流逝的春色，这凋零的花，这深沉的瑶琴，这清凉的黄昏以及这孤寂的心。

浣溪沙

小院闲窗春已深，重帘未卷影沉沉。倚楼无语理瑶琴。

远岫出云催薄暮，细风吹雨弄轻阴。梨花欲谢恐难禁。

千言万语，都融入在这文字之中，末了，想问一句知心者能有几人？

这闺中之怨，这惜春之情，这少女之心，都是少年时代所特有的情结。细腻、敏感的清照以女性独有的视角，用极其自然的文字，写下了一首首少女的心事。

这些文字里，这些心事中，最典型的莫过于众所周知的《如梦令》。

昨夜雨疏风骤，浓睡不消残酒。试问卷帘人，却道海棠依旧。知否，知否？应是绿肥红瘦。

短短的三十三个字，却意味深长，写尽了惜花伤春之情。

窗外已是暮春时节，四处春意散尽，临近傍晚，雨意渐浓，料想这残花禁不住春雨的摧残，实在不忍心见这般触动心绪的场景，于是以酒醉来躲避这眼前的一幕。

　　酒后浓睡，一夜无梦。清晨醒来，那酒气尚未散去。与其说是酒气，不如说是清照心中对春天流逝的感伤，不如说是少女心中的那股莫名的愁绪。然而酒醉终究只能躲避一时，最终依然要面对昨夜雨骤的结果。这场雨虽下得稀疏，可风却那般急切，料想定是残花狼藉。

　　清照心中挂念着窗外的海棠花，却又害怕看到花落后惆怅。于是犹豫再三，小心翼翼地问询侍女一句"海棠花怎么样了"？随着侍女卷起窗帘的手，清照的心也一同被提了起来。

　　未注意到清照殷切、关怀的用意，侍女只是漫不经心地朝着院子中望了一眼，就很快地回答一声："海棠花依旧那般鲜丽浓艳。"

　　听到这句话，清照的嘴角微微一笑，而后又紧蹙眉头，心想："你这粗心的丫头啊，你知不知道雨后的海棠应是绿叶繁茂、红花稀少才是啊！"

　　清照当然明白，海棠花是娇艳的，即使没有这无情的风雨，它也不可能永远这样盛开下去，更不可能始终在那里等待着他人的欣赏，它早晚会败落，早晚会随着春天的离开而消失殆尽。

　　但是少女天生就对花有一种怜惜的感情，可能是因为她们正处于如花的年龄吧，也可能是因为她们与花有着同样的心事，都在等待着他人的欣赏吧？可终有一天，她们的青春面容也会在岁月的摧残下，如这满地的残花般憔悴不已。那时，又会有谁来怜惜呢？

多情的少女啊，你这怜花惜春之情，惹得听者的心也随之碎裂了。多么想这花开永不败，多么想这春天走得慢些、再慢些，多么想有人能陪你赏这短暂的春景。

女孩的心思你别猜，因为每个女孩都有一颗你猜不透的少女心。哪个少女不怀春，哪个女孩没有闺阁中的少女梦？你看，就连千古第一女词人的李清照也不例外。或许正是因为这样，清照的少女时代才显得那样真实、那样可爱、那样惹人怜爱。或许也正因为这样，人们才能在清照写少女情思的词作中，读到那些埋藏在自己心中，不知如何表达的心事。

少女的情怀，总会带着一些明媚的忧伤。年少时，大多数人都不明白这些时光的可贵，然而一旦错过了，就会发现那是一生中再也回不去的美好，就连那些恼人的不知名的感伤，也是一种幸福。对你对我是这样，对清照同样也是这样。

倚门回首，却把青梅嗅

"**男以昏时迎女，女因男而来**"，于是，有了"婚姻"这个词。

在中国古代的封建社会中，"**父母之命，媒妁之言**"似乎是女子婚姻的宿命。大户人家的女子多是待在深闺之中，就算是普通百姓家的女子也是深居简出，一切全凭父母做主，并没有自我选择的权利。

很多女子在新婚之夜，才得以见到夫君的真实面貌，在成亲之后，才能了解所嫁人的品质。就算婚后发现丈夫是个德行败坏之人，就算是深知自己嫁错了人，也没有"休夫"的权利，除了忍气吞声地与其耗一生之外，没有其他选择，从一而终是她们最终的归宿。

有些女子虽然出身于皇室和贵族之家，拥有尊贵的身份和一定的权力，但是在婚姻里，她们同样是弱者。她们摆脱不了有目的性的婚姻，最终难免成为政治和利益的牺牲品。

遇见爱情，对古代女子而言实在是稀有之事，即使有幸，也多是成亲之后的事。

然而并不是所有的女子都是这样的命运，有些女子就突破了封建礼教的束缚，争取到了婚姻自主权，从而写下了一个个动人的爱情故事。

"愿得一人心，白首不相离"。与司马相如一见钟情的卓文君，宁肯放下从小锦衣玉食的富贵生活，不顾陈规旧俗，也要与这个穷书生私奔，和他过起吟诗作赋的清贫日子；在日复一日的相处之中，渐渐爱上恩师温庭筠的鱼玄机，明知希望渺茫，却勇敢地主动示爱，即使最终没有达到预期，但她不依附、不纠缠，爱得明明白白。

不是每个人的一生都能有这样的怦然心动，尤其是在那个不能自由恋爱的古代社会。卓文君是幸运中承受着考验，虽然历经波折，但最终却能和彼此相爱的人携手一生；鱼玄机是不幸但也是幸运的，虽然无法长相厮守，但至少她曾经遇到过爱情。

而清照无疑是幸运之中的幸运，因为她不但遇到了爱情，而且还和爱人携手了。

赵明诚是赵挺之的第三子。是时，赵挺之担任当朝吏部侍郎，官居三品，后来是宋徽宗崇宁年间的宰相，其人精明能干，深谙为官之道。赵明诚虽然出生于官宦世家，但是在他的身上却没有贵公子的那股不学无术的纨绔之气，反而很是稳重踏实，而且从小受诗书的熏陶，酷爱书画，尤其擅长金石的鉴赏，有着非常高雅的生活情趣和品位。作为名门贵公子的他风度翩翩，在当时的士大夫圈子里有着不小的名气。

转眼间，那个"**误入藕花深处。争渡，争渡，惊起一滩鸥鹭**"的天真小女孩也已经成长为一个绝代佳人，而且她凭借着出色的诗词才华名动京师，是不少人心中所仰慕的才女，在太学中学习的赵明诚就是仰慕者之一。

据《琅嬛记》中记载，赵明诚曾在夜间做梦，梦中吟诵了一首诗，"**言与司合，安上已脱，芝芙草拔**"是醒来后尚能忆起的几句。赵明诚当然不懂解梦，于是便向父亲求教。父亲赵挺之听完之后，却是哈哈大笑。原来，"言"和"司"合在一起就是"词"字，"安"字去掉上部分就是"女"字，"芝芙草拔"自然就是"之夫"了，将它们合在一起就是"词女之夫"。赵挺之笑言："**吾儿是要得能文词妇也。**"此说虽不能尽信，但"日有所思，夜有所梦"，它还是在一定程度上体现出了清照在他心中的地位。

已经 18 岁的清照和父亲正在汴京生活，其间前往求亲的人当然并不在少数。但像清照这样的大才女，并不是一般人所能相配的。李格非深知女儿向往爱情的心，也明白女儿要寻找的是一个情投意合的人，因此从来没有催促过，也没有强求过女儿。

用现在的话来说，就是没有该结婚的年龄，只有该结婚的感情。李格非当然还没有这样开明的思想，但是他明白，不是有钱有权就能娶走自己的女儿，爱情有时就是一场缘分，需要时间来安排。所以，他陪着自己的女儿一起等待，等待着这样一场缘分的来临。

那一日，丰盈的日光伴随着丝丝的微风，温柔地照耀在后院之内。庭院内开满了各色的鲜花，暗香隐隐流动在半空之中，沁人心脾。眼前如画的景色让人不愿辜负这美好的清晨。清照起了个早，只身来到这后院荡秋千。因为是一个人荡秋千，所以更加随心所欲。随着秋千的忽上忽下，清照的心也随之忽起忽落。她像是这院中的精灵，释放出了一个女孩所有的天性，这样的惬意与自由，让她感到非常的快活，因此在不知不觉间发出了银铃般的笑声。

荡完秋千的清照一身薄汗浸透了罗衣，在花的映衬下更显娇媚。她从秋千架上起身，懒得揉搓这细嫩的纤纤玉手。在她身旁，瘦瘦的花枝上挂着晶莹的露珠。就在这时，她的目光忽然落在了不远处的一位少年身上。这个少年身着一袭青衫，清癯玉立，俨如是文质彬彬的倜傥公子，而此时这位公子也正望向她。

清照慌了，乱了，脸也滚烫了，甚至顾不得穿上鞋子，只穿着袜子就掩面而走。匆忙之下，连头上的金钗都顺着头发滑落在了地上。或许这样会显得有那么一些狼狈，可是在少年的眼中，这样反而尽显出了少女的娇羞之态。

然而令人奇怪的是，那样急于逃离现场的清照却并没有像往常那般躲进屋内，反而在门边停了下来，假装去嗅那青梅，实际上却是忍不住偷偷地回头再看一眼那个少年。

这就是典型的初恋啊，看到一个喜欢的男孩或是女孩，不敢正面直视，却又满心满眼地想多看一眼，哪怕就那样匆匆的一瞥，也会觉得心花怒放。虽然清照不像其他封建的女子那般，但骨子里毕竟还有着身为女子的矜持，因此也只能是"偷偷"地看上一眼。

不知此时此刻，那位站在秋千架旁的少年，又有着怎样的心情呢？想来也是颇不平静吧！

"相逢却似曾相识"，两个注定要在一起的人，往往会有一种天然的亲切感，似乎在上辈子就已经认识。当他们的眼神交汇的那一刻，就是爱情里心动的一瞬间。这出于本能的一眼，是清照的心动，也是爱情的萌芽；这慌乱的脚步，便是她慌乱的心跳。

是的，正值意气风发的才子和如花般绽放的才女在不期而遇中相爱了。那天，清照在闺房内写下了这首《点绛唇》，字里行间是抑制不住的娇羞，字里行间更是透露出一个只有恋爱中的小女子才会有的悸动，以至于读到这首词的人们都感受到了初恋时心跳的感觉，跟着她的一词一句也红了脸颊。

点绛唇

蹴罢秋千，起来慵整纤纤手。露浓花瘦，薄汗轻衣透。

见客入来，袜刬金钗溜。和羞走，倚门回首，却把青梅嗅。

在等待之中，在盼望之中，清照的缘分姗姗来到了。而爱情的到来，仅仅需要这样的一刹那。遇见爱情之前，一个人的心会乖乖地听话；遇见爱情之后，这颗心就不再受控制了。"未曾相识已相思"，哪怕彼此之间没有任何的了解，可是爱情就是这样使人没有道理的想念。从遇见的那天起，清照的脑海中便会时不时地出现那位少年的模样，这样的思绪让她时而快乐，时而忧伤。

在这之前，所有关于另一半的憧憬都是她的想象，直到遇见了之后，她所设定的标准都已经忘记了，她认定想要共度一生的就是那样一个他。

可是，她却不知道能不能再遇见他，也不知道这是不是属于她的爱情。

"盈盈一水间，脉脉不得语"。没有任何的言语，却留下了一地的相思。在这之前，清照在心中无数次地幻想过两人相遇的场景；在这之前，清照心中对美好爱情的向往和追求变得越来越浓烈。于是，那一场与心爱之人相遇的美梦，就那么清晰地在清照的脑海中浮现出来。

那一日，两个有情人终于等来了一场属于他们的相会。

"**女为悦己者容**"，每一个女子见心爱之人，总想把最好的一面展现在对方的面前，所以在相见之前总免不了一番精心打扮，恨不得那一刻化身成为全世界最有魅力的女孩，因为那时你只想成为对方心中的唯一。现代女子约会如此，古代女子约会也有同样的心思。

浣溪沙

绣面芙蓉一笑开，斜偎宝鸭衬香腮。眼波才动被人猜。

一面风情深有韵，半笺娇恨寄幽怀。月移花影约重来。

清照将闺中所有能拿出来的首饰悉数置于眼前，一样一样地给自己试戴，并寻找最适合自己妆容的首饰。你看，那镶嵌着宝石的飞鸭状头饰斜斜地插在鬓边，那淡妆下的精致面容，"**粉黛所以饰容，而顾盼生于淑质**"，一时间，这娇美的面容如出水的芙蓉般艳丽。

望着镜中如花般娇美的容颜，想象着即将和心爱人的相见，女子清照的心中便不胜欣喜，那笑容也渐渐地从脸上漾了开来，想藏都藏不住。就连那贴在脸上的绣画，似乎都随着这笑容绽放开了。红晕漾开，流动的秋水般明澈的眼睛，也在这笑意中衍生出了动人的眼波。"遥被人知半日羞"，心中越喜，便越怕被人发现这藏在心底的秘密。

等待的时间是那样漫长，可相聚的时间却又那样短暂。两个互相倾慕的人在一起，就算只是静静地坐着观赏月色，听夜晚虫鸣的声音，就能感受彼此的心跳；就算什么话都不说，什么事也不做，只要有你在身边，就有笑意在心中弥漫，这胜过了人世间无数的赏心乐事。

这约会的甜蜜，这时光的短暂，都令人不忍分别。下次再相见，不知要等到什么时候？就把这浓浓的思念写进信笺，让这书信传达彼此心中那满满的爱意吧！等到明月上移，等到花影摇动，我们再来赴这一场"人约黄昏后，月上柳梢头"的浪漫约会。

"浅笑倩兮，美目盼兮"，花前月下，信笺传情，清照的爱情愿景是多么美妙啊！若真有这样一场拨动心弦的约会，不失为年少时光里最值得回忆的甜蜜。

情窦初开，春心萌动，天真无邪的少女清照，正期待着爱情的滋润。

我们能确定的是，属于清照的爱情，正迎面缓缓走来……

若是有缘，定会再相见

正值中原大地的干旱季节，整个京城都陷入了无雨的苦恼之中。虽然部分县城和民间也举行过多次的求雨和祭祀仪式，但丝毫没有效果。

"赤日炎炎似火烧，野田禾稻半枯焦。农夫心内如汤煮，公子王孙把扇摇。"在这种情况之下，京城有一位和尚呈书给当朝宰相，希望能由朝廷出面，采用熙宁年间的求雨方法，以解燃眉之急，造福百姓。

无奈之下，朝廷命令开封府依照古法在大相国寺设坛求雨。求雨之时，会在场地中央摆放一个盛满清水的大缸，缸的四周插上杨柳，然后在缸中放入几只蜥蜴，再由一群青衣小孩绕着大缸走动，一边走一边念求雨的偈语："蜥蜴蜥蜴，兴云吐雾，雨若滂沱，放汝归去。"这个方法在历史记载中曾起过作用，京城的老百姓都甚为相信。

因为这样的求雨方式并不多见，所以京城的老百姓们都想见识一下。那天的京城摩肩擦踵，挥汗如雨，好不热闹。清照的胞弟李远在街上听到这个消息后，便回到家中央求父亲李格非带他们一同出门看看热闹。李格非经不住孩子们的央求，就答应带两姐弟到大相国寺长长见识。

清照原本对这类事情并没有太大的兴趣，但毕竟是没有见过的事情，就当图个新鲜好了。大家小姐出门，自然少不了要梳洗打扮一番。那日清照身穿一件葱绿色的轻薄罗衫，显得分外轻盈灵动；腰间则是一袭蝴蝶黄绸裙，似乎就是一只长着彩翼的蝴蝶；略施粉黛，淡扫蛾眉，头上的金钗映得面容似桃花，这面容一看便是真正出身于大家闺秀的妙龄女孩。

等他们一行人到达大相国寺的时候，仪式已经开始了。正当清照想朝缸中看看游动的蜥蜴时，忽然瞵见一群书生打扮的少年有说有笑地向大相国寺内走来。从他们的衣着打扮能够判断出这群人是太学院的学生，确实个个神采飞扬，风度翩翩。

等这群人再靠近一些，清照不禁愣住了，那不是在后院曾经遇到过的少年郎吗？只见他快步朝清照的方向走过来，他每走一步，清照的心跳就加快一次，这无法控制的心跳让她有些喘不过气来了：他是认出自己来了吗？他是来向自己打招呼的吗？我该怎么回应才好呢？

"李叔安好！多日不曾见，婶娘也安康吧？"原来，少年郎竟是父亲的旧相识。

李格非也显得十分高兴："原来是明诚贤侄啊！劳你挂念，一切安好，代向令尊令堂问安！"话音刚落，李格非就向赵明诚介绍起身边的女儿清照。

赵明诚，这三个字让清照的心再一次被击中了。作为官宦之家的贵公子，太学院学生赵明诚当时在京城自然也有着一定的名气，清照当然也有耳闻，只是没想到让她心动的就是他。她知道，他们有着共同的文学爱好；她知道，他们定是志趣相投的。

每个女孩的内心都有着对爱情的憧憬，都期待着遇到一个情投意合的"白马王子"。清照心想，这难道就是上天赐予她的缘分吗？此时她的内心掀起了无数的波澜。

此刻，面对着意中人，清照掩饰住内心的慌乱，她大方地上前敛衽施礼，眼含笑意地望向眼前的赵明诚，然后又静静地退到一侧，听着这个青年才俊和父亲畅谈。

清照虽然未曾插言，不过自幼跟随父亲见过不少世面的她对当下的时事有着自己的思考。当清照听到赵明诚认为花钱掘井或引黄水济汴河远比消耗钱财来求雨要有意义得多时，她在他不凡的见解中对其又增添了一分敬佩。在她看来，眼前的才子并非浪得虚名之辈。

随后，赵明诚又故意拉着清照的弟弟李远攀谈了很久，这样做的目的无非就是为了多和清照相处。

对赵明诚而言，心中仰慕已久的才女此刻就站在眼前，如花般绽放的女子，是那么的明艳动人，让他更加确定自己的心意，因此在临走之前，他特意深深地看了一眼清照。

这一眼，意味深长。

一个月后，赵家便差人前来提亲，而且是赵明诚的父亲赵挺之亲自托人说媒。

李格非自是分外喜欢赵明诚这个青年才俊，但他也很尊重女儿的想法，毕竟这关乎着自己女儿一生的幸福。清照听闻赵家前来提亲，也是喜出望外，可嘴上还不愿承认，一边掩饰住内心的喜悦，一边娇羞地回答"全凭父亲大人做主"。心底里喜欢一个人，是怎么藏都藏不住的，你的眉间嘴角都会带上笑意。知女莫若父，女儿的这点小心思全看在了李格非的眼中。

这场婚事就这样敲定了下来。

从爱情到婚姻，没有任何的犹疑，也没有任何意料之外的插曲，只有等待着嫁给心爱之人的欢欣，只有接受所有人发自内心祝福的喜悦，只有享受一场盛大婚宴的浪漫。不久之后，18 岁的清照就嫁给了 21 岁的赵明诚，如他所求，也如她所愿，这样郎才女貌、门当户对的姻缘成了京城中的一段佳话。

赵家公子文才兼备，李家女子德才无双，加之两家门当户对，实乃佳偶天成。

门当户对，在很多人看来是社会地位和经济地位的匹配，这在清照和赵明诚的身上是完全符合的。但除此以外，他们的"门当户对"更多的是在审美趣味、知识水平和思想境界上的匹配。也只有这样的感情，才是契合清照风格的选择。

最美的爱情是在对的时间遇见对的人，就这样不早不晚，一切都刚刚好。佛曰："前世的五百次回眸，才换来今生的擦肩而过。"更何况是在那个父母之命，媒妁之言的年代，清照能遇到一个令她心仪的人并和他携手共度余生，这实在是天赐的良缘。

赵郎、清妹，这段爱情故事的开始是这般甜蜜与完美。

第三卷

春风十里不如你

　　"翻书睹茗相随老，安稳竖牢祝此身。"新婚后的清照和明诚像一对神仙眷侣，并不在意凡世的功名利禄，只在乎彼此的心意相通。寻一所爱，乐在其中，并相随终老。有茶、有书、有人、有故事，这又何尝不是一种浪漫。

云鬓斜簪，徒要教郎比并看

"结发为夫妻，恩爱两不疑"，正像众人所看好的那样，新婚后的清照和明诚过上了神仙眷侣般的生活，羡煞无数旁人，也成为千古佳话。

"生活中不是缺少美，而是缺少发现"，这句话用在古代的婚姻经营中也同样适用。两个人之间的感情除了互相吸引的天性之外，更重要的是日后的相处模式。如果夫妻双方都没有生活的情趣，那么在日复一日的生活中，必定会把日子过得枯燥无味，很快就会在审美疲劳中相看两厌。浪漫的婚姻生活，从来都离不开两人的生活情趣。清照和明诚都是懂得在平凡的生活中发现美并寻找乐趣的人，于是他们把日子过得有滋有味。

宋朝是一个用鲜花来体现生活品质的朝代，无论是大户人家小姐的闺房，还是平常女子的住宅，亦或是士大夫的书房，都会以瓶插的鲜花做点缀。人们不仅爱花，也喜欢簪花和插花。"虽贫者亦戴花饮酒相乐。"可见上至王公贵族，下至市井小民，都把簪花当作时下的一种流行；"路旁野店两三家，清晓无汤况有茶。道是渠侬不好事，青瓷瓶插紫薇花"，走过路旁，随处可见，插花早已飞入了寻常百姓之家。

因此，那时候很多人都以种花、卖花为业。民间集市上也常会有卖花人挑着担子或挎着篮子走街串巷地售卖鲜花。《东京梦华录》里就有记载："月季春，万花烂漫，牡丹、芍药、棣棠、木香种种上市。卖花者以马头竹篮铺排，歌叫之声清奇可听。晴帘静院，晓幕高楼，宿酒未醒，好梦初觉，闻之莫不新愁易感，幽恨悬生，最一时之佳况。"小商贩们载着满篮春色，为这街市增添了许多浪漫的生活气息。

清照是一个喜欢浪漫的人，也是一个爱花之人，时常会买一些鲜花来点缀书房。那日，她见卖花人担子中的鲜花开得极好，就买来一枝最满意的鲜花，然后耐心等待丈夫回来一同欣赏。娇嫩的鲜花上还留有昨夜着露珠，似颗颗泪珠般惹人爱怜，这一幕触动了清照心底的柔软：这花这么娇嫩，要是丈夫被这花吸引，认为花比我还美，那就不合心意了。

陷入爱河之中的女子往往都会在平淡无奇的生活中找出点趣事出来，以证明自己在丈夫心中的地位。女人的"作"，你可以理解为无理取闹，也可以理解为爱情中的撒娇卖萌，但对于两个相爱的人而言，这样的小举动无疑是生活中的小情趣。

　　清照打定主意，打算拿这枝鲜花来调侃一下自己的丈夫。于是，她将买来的鲜花插在云鬓间，等着丈夫来评判："花容与面容，究竟孰美？"丈夫明诚心知肚明自家妻子打的是什么主意，也决定"回击"一下她。他先是盛赞这鲜花之美，然后在清照心生醋意的时候，话锋一转："此花不若卿之美也……"哄得清照的笑想藏都藏不住。

减字木兰花

　　卖花担上，买得一枝春欲放。泪染轻匀，犹带彤霞晓露痕。

　　怕郎猜道，奴面不如花面好。云鬓斜簪，徒要教郎比并看。

　　之前深在闺房中的清照一定不会有这样的"作"劲，因为一个女人只有在爱她的和她爱的人面前才会这般撒娇。若是嫁对了人，生活中的每一个小场景都能透露出恋爱的味道。这样一幅温馨又浪漫的生活场景，足见清照的婚后生活是多么幸福。想必此时此刻，她的内心定是无比甜蜜的。

　　甜蜜的事，又岂止这一点呢？

　　清照不是一般有才气的女子，也不是一般有个性的女子。那些所谓的规矩和封建礼教思想根本就束缚不住她，这样的人也绝不可能成为那些结了婚就被封建礼教捆绑住的"三从四德"的妻子，因此你不要指望她大门不出，二门不迈地待在家里相夫教子，孝顺公婆。

她有自己的思想、人格、兴趣爱好和生活方式，这与当时的社会是格格不入的，一般家庭也接受不了。但是清照遇到的恰是那些真正爱着她的人，因为爱，所以会接受她的一切。是的，仅凭一己之力，她很难有这样的自由。如果说婚前的清照有父亲"罩"着她，让她可以释放天性，比一般女孩活得潇洒、自由；那婚后的清照就有了丈夫这把"保护伞"，让她依然可以按照自己的方式去生活。

婚后的明诚仍然在太学中读书，虽然同在京城，但每月能回家的次数却屈指可数，这相聚的日子对两人而言显得过于短暂，同时也异常珍贵，因此两人都非常珍惜。

上元节，是古代最重要的节日之一。这天晚上，人们吃汤圆、赏花灯、猜灯谜、放烟花，好不热闹。尤其在宋朝，街上已经有了"**妇女出游街巷，自夜达旦，男女混淆**"的狂欢之乐。南宋词人辛弃疾就曾用"**东风夜放花千树，更吹落，星如雨**"来形容宋朝上元节时街道上繁华的景象。

在这万家团圆、共享欢乐的日子，若是没有最重要的人陪在身边，即使是再好的景致也会失了色泽，好在这天明诚可以回家。常言道，小别胜新婚，既然明诚这天能够回来，清照自然要让这一年一度的节日变得与众不同，那些浪漫的因子开始在她的心中"作祟"。

那日，明诚刚回到家中坐定，就听得家中的丫鬟禀报说有太学的公子求见。明诚正在纳闷，就见得一个身穿青色棉袍，头戴绣花儒巾，脚着粉色缎靴的翩翩公子踱步而来。待这公子走近，明诚上下打量一番，发现此人眉目清秀，举止儒雅，颇有太学学子的风范。

这书生在明诚的面前站定，屈身作揖，问道："小生与兄素有同窗之谊，怎的半月不见，吾兄竟把小生给忘了？"此言一出，明诚恍然大悟，他做梦都没想到，回到家中等待他的竟是这样一个惊喜，这点子恐怕也只有自家妻子才想得出来。他一把搂住眼前的这位公子哥，没有任何指责，反而冲着女扮男装的爱妻开怀大笑。在这笑声中，清照的心也一圈一圈地荡漾了开来。

直到晌午，清照仍是这般男装扮相。若是在其他家庭，恐怕早以不成体统为由将其训斥一番，并令其跪地反思了，然而明诚却看得颇有兴致，而且很欣赏这样的小心思。

爱一个人，可以把她宠成孩子，这在古代也不例外。然而，更加宠溺的还在后面呢！

晌午过后，明诚竟然就这样带着男装扮相的清照和丫鬟一同逛街串巷去了。这应该是电视剧里才会出现的情节吧，可这梦幻的情节却在他们的生活中真实地上演了。

三人大摇大摆地游大相国寺，逛繁华的街市，毫不拘束，也毫不避讳。每到一家小吃店，明诚都要把那些普通百姓人家爱吃而大户人家不常吃的小吃买来请清照品尝；每当走过手工艺品的摊位时，明诚也会让清照体验一把，然后买个小泥人、小装饰品之类的留作纪念；每当路过花摊时，明诚也会停下来陪着清照挨个儿观赏一遍。

这样的约会，古代女子一生中能够经历一回就是万幸了。清照遇到了，她陶醉在明诚没有"原则"的宠溺中，享受着女扮男装的无拘无束，品味着这繁华而又平凡的生活。她觉得自己是这世间最幸运，也是最幸福的女子。

像这样日常生活里的小情调，早已融入进他们的生活之中。

一辈子很长，余生要和一个灵魂有趣的人在一起。不是新婚燕尔，而是因为情趣，让每一天都如新婚般甜蜜。因为清照的浪漫，因为明诚的宠溺，因为爱情，因为彼此的珍惜，他们度过了一段无比幸福和甜蜜的时光。

赌书消得泼茶香

　　共同性是指夫妻双方在话题、价值观、兴趣爱好等方面有着相同的地方。夫妻双方如果有兴趣爱好等方面的共同性，生活中就会出现很多的交集，两人的感情交流也会变得更加顺畅。婚前就酷爱读书的清照，婚后并没有放弃和书之间的缘分，因为丈夫明诚在这方面也有同样的爱好。两人能最终走到一起，这个爱好可谓是功不可没。

　　婚后的生活中，诗词成为两人感情中的一个重要纽带，期间发生过不少有趣的故事。

　　在前面的篇章中，我们提到过宋朝是一个追求生活品位的朝代，鲜花是创造高雅生活的一种方式，那另一种就是融入日常生活中的茶。

　　起初，仅是皇亲贵胄和城里的达官显贵们闲暇时偶尔聚集在一起喝喝茶、聊聊天。茶会期间，他们往往先是点茶分汤，然后再饮茶、品茶，不过这样也能一坐就是一天。慢慢的，他们喜欢上了这样优哉游哉的惬意生活，于是就经常举行这样的聚会。因为能参与这种聚会的人多是显贵，而在这股风潮的影响之下，品茶竟在不知不觉间成为高雅生活品位的象征，也成为中上阶层争相攀比的方式，于是越来越多的人参与到品茶中来。

后来，原本普普通通的品茶又发展成为斗茶——将茶放在一起，由茶会参与者品评高下。在唐朝就存在的一种茶艺，没想到在宋朝的时候达到了顶峰。

在这股流行趋势的盛行下，清照却另辟蹊径，独创了一种新的斗茶形式——行茶令。

相信很多朋友都听说过行酒令，它是宴会上助兴的一种小游戏，先是由席间的人推选出一位行令官，然后其他人在行令官的引导下，轮流说出诗词或者联语等。若是有说不出或是违令者，就要罚饮，这样的方式后来逐渐发展成我国的一种酒文化。

行茶令，就是在打磨光滑的竹片的正反两面都刻上诗句，然后以类似传酒令的方式进行，"二三人聚集一起，煮水烹茶，对斗品论长道短，决出品次"。

这项游戏的产生虽然与当下的潮流有关，但同样也离不开这位才女的巧思。

那时候，明诚和清照若是谁得到了一本好书，总免不了凑在一起共同阅读、研究。但清照从小就有着超强的记忆力，对书本常常是过目不忘，往往比丈夫明诚消化得要快，这让清照时常觉得自己比丈夫更厉害。

一天，清照突发奇想，想要和丈夫明诚来一场比试，以此在丈夫面前炫耀一番。

她首先想到了民间流行的茶艺游戏，于是原创了一个游戏：参与游戏的人同坐在一起，由其中一人就古籍中的知识或典故向另一人发问，回答者需要清楚地说出这个知识或典故出自哪本古籍中的哪个章节以及哪一页、哪一段甚至是哪一行。等回答者的回答勘验无误后，就能选择一杯好茶来饮。若是答不出来或是答错了，那就只能等其他人把茶喝完之后，这个人再喝；若是最后无茶可饮，就只能愿赌服输。

自从清照创出这个游戏，每天饭后，这个游戏就成了夫妻俩的休闲娱乐。

两人同坐书屋之中，先烹好茶，然后由一人指着一堆古籍，随意抛出一个典故或轶事，开始行茶令。虽然明诚也是饱读诗书的学子，但清照天生超强的记忆力还是让她略胜一筹，博闻强记之下，往往是连赢几局。明诚只得眼睁睁地看着妻子把烹好的茶一杯杯地饮尽，心有不满却无可奈何，甚至还得为妻子亲手斟满茶，这不免让清照颇有几分得意，脸上时常泛出少女般灿烂的笑容。

"每饭罢，坐归来堂烹茶，指堆积书史，言某事在某书某卷第几页第几行，以中否角胜负，为饮茶先后。中即举杯大笑，至茶倾覆怀中，反不得饮而起。"从冬到春，从春到冬，两人就这样在平常的日子里度过了无数个赌书的欢乐时光，有如世外桃源中的神仙眷侣，安然地过着小两口的生活，品下的是茶，享受的却是甜蜜。

一次，清照又赢了几局，心花怒放的她笑到不能自已，连手上的茶杯都没能端稳，将杯中的茶全洒到了衣服上，这下不仅没喝到茶，反而湿了衣裙。这场景，逗笑了一旁的丈夫明诚，两人你看看我，我看看你，像孩子一般开怀大笑起来。

就算把茶洒了，两人的兴致也不曾减少，反而留下了一身的茶香和满心的欢愉。

或许只有他们自己才懂，此时此刻的他们有多么幸福。和相爱的人在一起，无论做什么都别有一番滋味，更何况是两个人都挚爱着的诗书，这份快乐在婚后的生活中也成了永恒。

秀恩爱的方式有很多种，但像这么高雅的秀恩爱方式却是极少见到的。这项游戏很快就在社会上流传开来，上至皇帝和达官显贵，下至平民百姓，无人不知，无人不晓。这游戏的地位堪比现在的"三国杀"，是聚会时的首选娱乐。

不仅是在宋朝，乃至后来的朝代里，人们对于"赌书泼茶"

这段故事仍然津津乐道，有人看到的是其中的雅，有人看到的是其中的爱。但无论怎样，这样被人们所推崇，这定是清照和明诚所没有想到的。

"搜我肺肠著茶令"，南宋学士王十朋就曾这样记载过行茶令的场景。

现代作家钱钟书先生和他的夫人杨绛女士更是行茶令的忠实粉丝。"遇到你之前，我没有想过结婚；遇到你之后，结婚我没想过别人。"钱钟书先生曾向杨绛女士这样深情告白过，两人一见钟情，而后携手共白头，可见二人感情之深。就是这样的两个人，婚姻生活中也有着行茶令这项爱好，甚至对其情有独钟。

钱钟书是著名的作家和文学研究家，在写作之余，他会邀请同样是文学家的妻子杨绛同他一起行茶令，此举是在效仿当年的李清照和赵明诚：围绕文学典籍，一人出题，一人答题，无论谁输谁赢，相视一笑，无限乐趣。

"翻书赌茗相随老，安稳坚牢祝此身"，寻一所爱，乐在其中，相随终老。有茶、有书、有人、有故事，这何尝不是一种浪漫，也是很多人所期盼的幸福。

哪怕是千百年前的生活场景，其间的甜蜜幸福也能让现在的我们感同身受，这就是真爱的力量，这就是真正的幸福的感染力，因为每个人都渴望这样的幸福。

在这样赌书泼茶的日子里，明诚越来越钦佩清照的才华，心中默默地燃起了学习的火苗。一天，清照像往常那样和丈夫明诚谈论着诗词，谈着谈着，明诚忽然诚恳地望向清照，然后告诉她，他越来越喜欢读她的诗词，尤其是那些诗作中看似不经意，可读来却韵味十足的句子，感觉很难再被人模仿，诸如"知否，知否，应是绿肥红瘦""争渡，争渡，惊起一滩鸥鹭""梨花欲谢恐难禁""夹衫乍著心情好"等表达。

这些词句虽然意思浅显，可如果不读这些诗词，却怎么也想不到诗词还能这样写；如果非要模仿着来写，反而会显得不伦不类，这让明诚百思不得其解，不知如何才能做到。

听完丈夫的话，清照不自觉地笑了起来。从丈夫的话中，她能感受到丈夫越来越懂她的诗词了，能遇到一个在诗词上心意相通的人，这是多么幸福的事啊！

可是，世上很多东西都能修饰，唯独诗词这事最忌的就是巧饰，这个道理清照在很小的时候就已经懂得了。清照的父亲李格非是一个文学爱好者，在清照很小的时候，父亲就教育她诗词不可为了创作而创作，而应该讲究一种情景的自然交融。

只有在心中有不得不发的情感时，才能写出行云流水般的文章；若是刻意地追求技巧，最终反而会让诗歌失去了味道，成为一种机械式的创作，毫无诗意可言。这么多年以来，这始终是清照创作诗歌的一个原则，已经成为一种条件反射。

　　不知这番言论，其夫赵明诚能够领悟多少，但这个故事却羡煞了旁人。原来才子佳人的日常对话，都是这般文雅。清照如果不是遇上明诚，可能不会有这样的探讨；明诚如果不是遇上清照，也就不会有人带他走入到一个新的诗词境界里。或许自古以来都是如此，幸福的婚姻不在乎你的身份如何、地位如何、有多少财富，而在于两个人能否有共同的话题。聊得来是婚姻能否保鲜和长久的秘诀。

　　从来佳茗似佳人，爱茶的女人自有一种无法言说且独具一格的魅力；"腹有诗书气自华"，自古爱读书的女子都有一种骨子里透出来的与众不同。读书和喝茶皆是生活中的雅事，能将这两者巧妙结合在一起的，非才女清照不可。而能与这样的女人势均力敌的男人，定当有着不一般的底蕴。明诚有这样的实力，也有这样的潜力。最重要的是，明诚愿意全身心地陪着清照过这样有茶可饮、有书可读的日子。想象着才子佳人在午后煮上一杯清茶，捧上一卷诗书，临窗而坐，共赏庭前花开花落，享受这静谧而悠然的时光，此情此景可倾城。

　　相识容易相处难，人间最难得的是相知相惜的人。这样的爱情和生活何其美满。

"叹息老来交旧尽，睡来谁共午瓯茶。"茶中之事谁人相知，一品一年华，喝的是茶，品的是故事，若是能得一赌书泼茶之人相守到老，也不枉来这世间历劫一场。

莫道不消魂，人比黄花瘦

　　清照爱诗词，是人所共知的事，和明诚结婚之后，两人除了"赌书消得泼茶香"的浪漫小甜蜜之外，唱和诗词之余也发生过很多的小插曲，如填诗作词，共赏书画，互相酬唱，这不但为他们的爱情故事增色不少，而且还被后人津津乐道。

　　在诗词的造诣上，清照远胜于丈夫明诚，然而同样作为诗词爱好者的明诚，却并不愿意接受或者承认这样的事实，总是想着和妻子一比高下，哪怕是输了一次又一次，可依然想着会有赢她的时候，于是这场"博弈"就没有了尽头……

　　一天，明诚竭尽全力写出了一首诗："秋江楚雁宿沙洲，雁宿沙洲浅水流。流水浅洲沙宿雁，洲沙宿雁楚江秋。"这是一首七言回文诗，运用了回环、顶真等修辞手法，使得诗句的首尾相连，实在是诗作中的高招，非一般才学者所能应对。

　　几近耗尽了平生所学的明诚，想着这首诗必定能难倒妻子，正等着妻子认输。没想到清照读罢此诗，几乎是不假思索，就写出了一首应和之诗："香莲碧水动风凉，水动风凉夏日长。长日夏凉风动水，凉风动水碧莲香。"妙绝之处，只能让明诚感叹妻子确实非一般人可比，而选择甘拜下风。当然，这样的"竞争"并不影响小两口的关系，反而让两人在这样一来一回的对决中越来越上瘾。

他们之间的对决，最有名的当属明诚作诗50首，却不敌清照的一首。

两人成婚之后，明诚在外为官，常常因为各种事务需要出远门，对于恩爱夫妻而言，这样的离别宛如锥心之痛。于是，清照把思念寄托在一首又一首的诗词中。

那是一年的重阳佳节，本是一家人出游赏景、登高望远的好日子。若是有心爱之人陪在身旁，清照必定不会错过这样美好的相聚时光，或是把酒黄昏下，或是赏菊和诗，或是来一场兴致盎然的踏秋，总之，定是一场两人之间的"蜜旅"不可。然而，此时此刻的明诚却远在他乡，徒留清照一人在家感伤。她想起了唐朝诗人王维的千古名句"独在异乡为异客，每逢佳节倍思亲"，于是把这份思念填进词里，寄给远方的丈夫。

醉花阴

薄雾浓云愁永昼，瑞脑消金兽。佳节又重阳，玉枕纱厨，半夜凉初透。

东篱把酒黄昏后，有暗香盈袖。莫道不销魂，帘卷西风，人比黄花瘦。

阴沉的天气令人烦闷，心中愁云满载，除了在屋内望着香炉内瑞脑散发的袅袅青烟发愣外，又能如何呢？望着香炉内的香料一点点地被燃烧殆尽，是时候该入睡了。可是这夜呀，却渗透着一丝丝的凉意，直渗透到她的心间。若是有明诚在她的身边，是不是就会多一份温暖呢？可惜这一切，只能是一场幻想罢了。

而她之所以会坐卧不安，大概是因为心中难以抑制的思念吧！不知远方的明诚，是不是也同样在思念着她呢？

走出屋门，遥想当初的王维是"遍插茱萸少一人"，可是此时此刻，她站在东篱之下，菊花丛畔，又有谁能陪她饮重阳佳节这杯菊花酒呢？这不，一杯饮下，不仅未解心中的愁云，反而还增添了更多的感伤。你看，眼前的菊花是这般娇美，熏得她一身清香。这原本是一件让人欣喜的事，可是因为这香不能与明诚同享，所以便也失去了所有的意义。而她坐在这里，也只能徒增烦恼罢了。算了，还是回到屋内继续发呆去吧！

然而，连风都变得不再听话了。一阵晚来风急，将那精美的帘子卷起，虽然吹起的是帘子，可寒的却是她的心啊！窗外的菊花再次映入了她的眼帘，可是谁又知道，帘内之人比帘外的黄花更加清瘦呢？

一字一句，是刻入骨子里的思念。"幽细凄清，声情双绝"，任谁都敌不住这文辞、这思念。难怪收到此信之后，"明诚叹赏，自愧弗逮，务欲胜之"。相传，为此他"一切谢客，忘食忘寝者三日夜"，就是想写出同样声情双绝的诗词。闭门谢客三天三夜之后，明诚倾尽全力终于写出了 50 首较为满意的词，将清照的《醉花阴》也混入这些词作中。之后，他将整部词集拿给好友陆德夫以及其他文友品评。没想到，陆德夫最终给出的结论是"只三句绝佳"，而这三句便是清照《醉花阴》一词中的"莫道不消魂，帘卷西风，人比黄花瘦"。

清代的谭莹在《古今词辩》中对清照的这首词做了这样的评价："绿肥红瘦语嫣然，人比黄花更可怜。若并诗中论位置，易安居士李青莲。"《醉花阴》之绝妙，由此可见一斑。

明诚应该从心底里承认，他和清照的这场诗词"博弈"，他输得心服口服。

"诗以言志，歌以咏怀。"那时的清照之所以能写出这样绝佳的词，不仅是因为她出众的文采，还在于她心中那份对丈夫明诚的彻骨思念。这是否也暗示出，在这场感情里，她爱得更深呢？

除了这些比诗的小趣事外，两人还经常一起研究讨论诗词。

宋朝文人周辉曾在笔记杂史《清波杂志》卷八中记录过一段关于清照踏雪寻诗的故事：**"倾见易安族人言：'明诚在建康日，易安每值天大雪，即顶笠披蓑，循城远览以寻诗。'"** 每遇大雪纷飞之时，清照和明诚便会披上蓑衣，戴上斗笠，相互搀扶着向城外的古胜地寻觅诗情。你从中是否能想象出清照亲手为明诚整理蓑笠时的柔情，你是否能感受到明诚手牵清照的手时前行的温暖，你是否能勾勒出在漫天的雪花中一对恋人相视一笑的浪漫。

这建康城的雪，因为有了这一对璧人的存在，而添了几分神采。

"得句，必邀其夫赓和，明诚每苦之也。"。若是只单纯地赏赏雪景也就罢了，可清照偏偏还要玩把小情调。每见一处令其有感的地方，清照必会欣然作诗。清照是一个对生活极其敏感、心思又尤为细腻的人，能让她触景生情的美景、名胜古迹不在少数。她就这样一路走，一路吟咏不停。作诗当然要有人来和才好，而丈夫明诚自是不二人选。这下可难坏了明诚，往往要挖空心思，搜肠刮肚一番，才能跟得上清照的节奏。现在看来，想必这苦也是夫妻二人一唱一和的甜吧！

有雪，有自然之景，有文化古迹，有诗词相和，有爱人做伴，这样的出游，才是让人心向往之的。都说现代人追求仪式感，可是和这对恩爱夫妻相比，我们似乎还差得很远。

走在建康城内，若是遇上这样一场大雪，你会不会想起千百年前的他和她呢？你的身边有没有这样一个人，能陪着你向大雪深处寻找一份浪漫，与你共携白头呢？

以诗词来谈恋爱的人生不是每个人都能做到的，这样的爱情也不是每个人都能拥有的，这是一场盛世的浪漫，流传了千百年，也令人艳羡了千百年。

此情无计可消除

　　清照和明诚的爱情固然甜蜜，婚后的生活也自是美好。沉浸在新婚燕尔中的两人，恨不能每时每刻、每分每秒都厮守在一起，恨不能彼此的每件事都有对方的参与。

　　可新婚之时的明诚，还是太学院的学生，很多时候都要离家去读书。宋朝的太学相当于皇家的最高学府，只有官宦子弟及优秀的平民子弟才能进入其中学习，它专为皇家培养和储备人才。在这里读书的人，将来无疑会有一个很好的政治前途。当然，在这里也有一定的学业压力和规矩。所以，婚后的两人常常是聚少离多。而从太学毕业以后，明诚又经常被派往外地任职，自然也没有很多相聚的时间，只留清照一人在京城的家里空等。

　　那些甜蜜的相聚，都是在漫长的等待之后，而等待之后的相聚，又是那般短暂。

　　那时候，热恋中的两人又怎么会懂"两情若是久长时，又岂在朝朝暮暮"的情思，只有"玲珑骰子安红豆，入骨相思知不知"

的思念和"愿得一心人，白首不相离"的期许。

外出读书时的明诚尚有老师、朋友的陪伴，在外地做官时的明诚也有职场上的事情要处理，而且有同事陪在身边，这种与爱人的分离思念之情，也许能转移在其他事情中，所以不会那么浓烈。可是身在汴京城的清照却无处排遣这种思念之情，更何况女子在爱情中的投入往往比男子更胜。值得庆幸的是，清照可以将这一切都诉诸于纸间。

元代伊世珍的《琅嬛记》卷中引《外传》曾记载："易安结缡未久，明诚即负笈远游。易安殊不忍别，觅锦帕书《一剪梅》词以送之。"新婚后不久，明诚就离京远游。无限别离愁绪，清照都寄予一曲《一剪梅》：

红藕香残玉簟秋，轻解罗裳，独上兰舟。云中谁寄锦书来？雁字回时，月满西楼。

花自飘零水自流，一种相思，两处闲愁。此情无计可消除，才下眉头，却上心头。

大雁南飞，声断长空。地面萧肃，只她一人一舟。深秋的江水已冷，泛着青色的波光涌起一阵阵的寒意。她轻盈地跨上舟船，独自撑着一支船桨向天边慢慢划去。

此刻，那"接天莲叶无穷碧，映日荷花别样红"的盛景已然过去，只"留得残荷听雨声"，但残荷仍旧倔强地散发出一阵阵的幽香，仿佛要证明它曾经的盛放。

丈夫明诚不在身边，清照只能一个人来打发这无聊的时间。午后，清照躺在凉席上小憩。此时已是秋天，这夏日的竹席如玉石般清凉，凉意从肌肤慢慢渗透到了骨子里。翻来覆去睡不着，这到底是天凉，席凉，还是心凉？大约都有吧！

这样的下午，总该做些什么，才不算辜负这秋日，也好消磨一下这寂寥的时光。心下寻思一番，最终决定去赏赏那初秋的残荷。于是，清照轻轻地解开了那闺中所穿的绸缎做的裙子，换上了一身轻快的便装，一个人坐上精致的小船，想畅快地游玩一番，顺便散散心。

同样是出游，婚后的清照已与少女时的自己表现得完全不同。犹还记得那年，清照携三五个好友出游，可是"沉醉不知归路""兴尽晚回舟"，以及"争渡，争渡"，那真是天真烂漫至极，而如今，似乎多了一份新婚少妇的矜持。

那年，无忧无虑，是一场单纯的结伴游玩；而此时此刻，却是满腹心事，是一个人的排遣。

任凭舟船在水中随意飘荡，清照的思绪早已在远方。蓦地，她的目光望向天空，此时的天空中白云悠悠。那一片又一片的云啊，时而聚、时而散、时而浓、时而淡，清照想：它们是否也载着满腹的心事呢？它们是否也在等待着与意中人的相会呢？不知它们是否能为自己带来远方的思念，哪怕只是一封短短的书信也好哇！她就这样和白云倾诉着，就这样望着白云在天空中飘来飘去，就这样虚度了一个下午的光阴。或许，一个人的时候，就算发呆也能坐上一个下午吧！

天渐渐地黑了下来，月光渐渐地洒满了西楼。那皎洁的月亮，是天上的团圆吧，可地上的人儿什么时候才能团圆呢？黄昏的时候，雁群排成"人"字形，也要归家了。那飞往千山万水的鸿雁啊，这清亮的月光是你带来的吗？若是能带来远方的消息，那该多好。

望断天涯，不见游子归来，也未有远信捎来，不觉情思无限。

此刻，花自顾自地在水中飘零着，留下它最后一刻的芳香；水自顾自地默默流淌着，全然不管这日月星辰的变化。可人有情啊，明诚似水，清照似花，水载着花流向远方，花依着水绽放它的美丽。清照似乎感受到了，明诚也和她有着同样的相思，不过各在天涯，只能分担同一种愁思罢了。

这样的愁思，实在是难以排解，可想到两人有着同样的相思，清照的心便稍微放松下来，好不容易松了紧锁的眉梢，可这相思之情却一瞬间又涌上了心头。

"无可奈何花落去，似曾相识燕归来"，年去年来，花开花落，燕走燕归，一切自然的景物遵循着它的规律周而复始。清照和那心上的人啊，相聚又别离，别离又相聚，似是这没有尽头的周而复始。可是相聚总是太过短暂，真希望能够永远不分离才好。

何处可消愁，将这思念写在锦帕上，赠给离家的丈夫，聊以慰藉他的相思之苦，也让他懂得这份相思之情。若是这样，下次的分别是否会这般断肠？

清照之思，写出了不少人的心声，可是此情何人能与共呀？

相聚的匆匆，丈夫明诚的久未归家，都让独守闺房的清照心中常常想起心爱的人，希望能和他一同把酒东篱，希望和他共赏月色，希望喜怒哀乐都能有他分享。可世事就是这般不尽如人意。

浣溪沙

莫许杯深琥珀浓，未成沉醉意先融。疏钟已应晚来风。

瑞脑香消魂梦断，辟寒金小髻鬟松。醒时空对烛花红。

思念成空的清照，满腹愁肠，无处可寄，只能以酒来消解这思念之愁。"兰陵美酒郁金香，玉碗盛来琥珀光"，这色如琥珀的美酒啊，使得清照人尚未醉，心便已经醉了。

一杯尽，一杯起，醉入愁肠，思念愈浓，不知不觉间，天已经暗了。正在醉意渐浓时，晚风吹来，远处传来了稀疏的钟声。"疏钟促漏真堪怨"，这钟声不就是离别之音吗？

心上的人儿呀，此刻你在做些什么，又何时才能归来呢？

炉子里的香已经燃尽了，清照的心也随着这一缕缕的香飘向了远方。

醉了，倦了，朦胧入眠。"求之不得，寤寐思服。悠哉悠哉，辗转反侧"。夜之漫长，枕单衾孤，梦寐难成，思君到天明。醒后方知，朱钗尚未褪去，金钗小，鬘鬟松，烛影下依然是孤身一人，唯留窗前一个已经喝空的酒杯，对着烛花黯然神伤。

桌上，一页信笺，墨还未干，一排排清秀的小楷映入眼帘。恍惚间，泪落两行，悄悄拭去泪水，徒留泪痕。

弱水三千，清照也只取一瓢饮，所想所念，唯君一人而已。这一生，清照会把全部心思托付给明诚，只是无数个这样的夜晚，都是内心翻腾的等待，等着与丈夫静水流深的陪伴。但愿君心同此心，能明白这闺中的等待。只是此心寂寞难言，让这思念似乎又浓了一抹。

怨王孙

帝里春晚，重门深院。草绿阶前，暮天雁断。楼上远信谁传，恨绵绵。

多情自是多沾惹，难拼舍，又是寒食也。秋千巷陌，人静皎月初斜，浸梨花。

本是思念令人愁，清照却将这股愁怨抒发在春景之上。

暮春之色，万花残败，这满目的零落让清照有一种从心底升起的失落。面对这春天的尾巴，原本应该抓紧每分每秒外出游玩的，可庭院深深深几许，这一重又一重的院落，也锁住了清照万千的心事。

站在庭前，眼下已是芳草萋萋之景，就快要到莺飞燕舞的时光了吧，可黄昏下，归雁已不知踪影，带不来心爱之人的消息，也等不到心爱之人归来的脚步，就算登楼远望又会怎样呢？这雁且在日暮时知归、能归，这所念的人怎么就不能如约相会呢？

这份思念，这份深情，清照只能默默忍受。从黄昏到月明，总是一个人的凄凉。夜深人静之时，世界静到只有思念的声音，丈夫明诚此刻在做些什么呢？是否也在望着同一轮明月，看那月亮的光辉洒在大地上，在那光亮中寻找两人并肩的光影。

思念一个人，能从清晨到日暮，从日暮到深夜，从深夜到天明。清照之于明诚，是深入骨子里的牵挂，这思念有多浓，爱就有多浓，想必是明诚值得这样的思念吧！

思念不仅使人愁，也让人瘦啊！

新婚燕尔之际，在爱情的滋润下，清照曾一日日地圆润起来，就连其夫明诚都曾调侃她:"初过门时像飞燕,眼下赛过杨玉环。"但是这样的日子没持续多久,因为明诚经常外出,清照时常承受着思念之苦,这思念连着思念,没个停歇。这不,人也随着瘦了呢!

凤凰台上忆吹箫

香冷金猊,被翻红浪,起来慵自梳头。任宝奁尘满,日上帘钩。生怕离怀别苦,多少事、欲说还休。新来瘦,非干病酒,不是悲秋。

休休,这回去也,千万遍《阳关》,也则难留。念武陵人远,烟锁秦楼。惟有楼前流水,应念我、终日凝眸。凝眸处,从今又添,一段新愁。

冷透的香炉懒得再点,翻卷的被子懒得再叠,凌乱的头发懒得再梳,铺满尘垢的妆台也懒得收拾,不是因为懒,而是因为没心情。很多话堵在心口,难以说出,因为又到了离别的时刻。夫啊夫,你可知,我最近的身体日渐消瘦,不是什么喝酒伤身,不是什么伤春悲秋,而是因为你啊,都是因为又要与你分离啊!一想到这,我就茶饭不思,夜不能寐。

这"新来瘦,非干病酒,不是悲秋"的告白,怕是现代女性都没有的勇气吧!不得不说,一个古代社会的女子,能将思念这般道出,实在是勇敢且豁达啊!

　　然而，这还远远不够，清照的表白要"肉麻"到你的心里。

　　想一想，我们和心爱的人分别是怎样的场景，是不是一个拥抱和一句"我会想你"就能解决，可你看人家清照，不仅当下告诉对方想他，就连离别之后是怎样想的都已经设想出来，并且还直接传达给对方了。

　　你这一走，就不要唱那《阳关》了，唱了又如何？反正留不下来，不过是让我悲伤一场罢了。从此以后，你就是那走向远方的"武陵人"，我就是那站在"秦楼"望断天涯路，望你归家的"思妇"。那楼前的流水，会映出我思念的影子。它会告诉你，你的妻子倚楼凝望，痴情泪儿双流，一日更比一日愁。

　　"人生自是有情痴"，清照的痴，在这里体现了出来。

　　思念一个人的滋味，都在清照的词中。若你也有思念的人，你定能懂得。这样的滋味让人魂不守舍，这样的滋味让人茶饭不思，这种滋味无法被治愈，这样的滋味常让你觉得仿佛置身在另一个世界，而这个世界的一切都失去了色彩。

　　而唯一排遣的方式，就是和心爱的人相见。那时，一切的愁都会烟消云散，就算是阴沉的天，也会如晴天般明媚；就算是残花旧景，也定会如春光般温暖。

　　有了这样的思念，清照的人生增添了更多的愁怨；若没有这样的思念，清照的词也就缺少了一种色彩。很多事没有绝对的好坏，都是一种经历。经历丰富了我们的人生，经历丰富了我们的内心世界，经历让我们有故事可说，经历让我们更有韵味。

其实，在世界的某个角落，有一个令你思念的人，这何尝不是一种浪漫呢？至少在你开心或难过的时候，你的情绪还有一个能够倾诉的出口；至少在漫漫长夜中，你还有人能够想念；至少还有这样一个人能让你感到即使远在天边，可心的距离却那么贴近；至少这世间还有懂你的人。

清照从 21 岁到 24 岁的三年时间里，独守空房的时间较多。这三年本是夫妻感情正浓的时候，却要忍受这离别的相思之苦，但就是在这三年里，清照写了不少经典的思念之词，留给后人品读其中滋味，留给后人一个思念者的形象。

说到底，这也有明诚的功劳。因为有了明诚的存在，才让清照有了这样的思念；也正是因为明诚的包容，才有了清照这样大胆的感情表达。当时，京城也有人对一介女子这般直言闺中之思颇有微词。但明诚直言欣赏这样的清照，让清照有了表达自我的力量，也才有了后来这么多的作品。

或许，思念就是一种甜蜜的忧伤。不过与其思念，多数的人都会选择相守，只因对多数人而言，思念的滋味太苦。

金石缘分翰墨芬

在中华五千多年的璀璨文化中，青铜文化绝对占据着举足轻重的地位，而且能一直追溯到原始社会的石器时代，直到现在，仍是华夏民族的骄傲。但是在历史的发展变迁中，这些青铜神器也曾被历史的尘埃所掩埋，成为深埋于地底之下的未解之谜。

有文化的地方，就有热爱文化的人存在。虽然青铜器慢慢成为一种远离人们生活的古器，但仍有一些热爱文化的人想从中探寻被隐藏的秘密。于是慢慢地诞生出"金石学"，即以古代青铜器和石刻碑碣为主要研究对象的一门学科，偏重于著录和考证文字资料，以达到证经补史的目的，特别是其上的文字铭刻及拓片；广义上还包括竹简、甲骨、玉器、砖瓦、封泥、兵符、明器等一般文物。

研究这类文字，实际上就是在研究一种历史文化。在西汉时期，金石学的研究已经呈现出一种萌芽的状态；到了宋代，已经形成了专门的金石学；而在清代，金石学达到了研究的鼎盛时期。

其间出现了一些研究金石学的专著，像李公麟的《古器图》，吕大临的《考古图》，刘敞的《先秦古器图碑》，王黼的《宣和博古图》；当然，还有欧阳修的《集古录》。这些专著对金石学的历史传承，起着重要的作用。

在这样一个重要且专门的历史学问中，我们不能不提及赵明诚。不可否认，赵明诚的诗词才华和名气的确敌不过李清照，但也不可否认，赵明诚在金石学领域，几乎是独占鳌头的。

他所著的《金石录》共 30 卷，其中收录的碑铭墓志和钟鼎彝器的铭文款识等石刻文字，上至上古三代，下至隋唐五代，代表着宋金辽以来的最高水平，并流传后世，成为史学研究的重要参考资料。而赵明诚也因此而稳稳地占据着一代金石学大家的重要地位。

"盖史牒出于后人之手，不能无失，而刻辞当时所立，可信不疑。"可见赵明诚对金石学的价值有着深刻的认识，并且决心深入研究，这样爱着金石学的赵明诚与金石的渊源，还得从最初谈起，而清照与他的金石事业又有着怎样的关系呢？

早在少年时期，赵明诚就对金石研究情有独钟，正如他在《金石录》中所写："余自少小喜从当世学士大夫访问前代金石刻词。"后来，他又专门学习了金石学。

和清照结婚之后，若说明诚陪着清照爱着诗词，那清照就陪着明诚爱着金石学。清照的诗词造诣有增无减，同样，明诚的金石造诣也与日俱增。

受明诚痴迷于金石的影响，清照慢慢地对金石学有了兴趣，后来兴致越来越浓，并一同参与到了明诚《金石录》的编写之中，两人在金石学的世界中甘之如饴。

虽然两人都是"贵家子弟"，但因"赵、李族寒，素贫俭"，加上明诚收集金石碑刻花费了不少钱财，所以婚后两人的生活很拮据，时常需要节俭。即使是这样，每月的初一、十五，明诚也会请假外出，将自身的衣服在当铺里抵押，换得几百铜钱，而这样做的目的，无非就是为了到大相国寺买一些碑文。清照对此不但没有任何怨念，反而以"食去重肉，衣去重采，身无明珠翡翠之饰，室无涂金刺绣之具"的实际行动来支持，并和丈夫一起研究买回来的碑文。

后来，明诚从太学毕业，出仕为官后，两人依然节衣缩食，为的就是能支持明诚到各地搜集古文奇字。有资料记载，除了在青州搜集到像《东魏张烈碑》这一类的大批石刻资料外，明诚还曾三次到访灵岩寺，四次游历仰天山，并登顶泰山及全国其他各地，可见其搜集资料的足迹之广。而在这背后，都有着清照物质和精神上的默默支持，能有这样的妻子，明诚何其幸运。不仅如此，清照在见到金石类的资料时，如果能买下来，定当带回来；若是买不下来，她就会尽力誊抄下来，和丈夫共同研究。

明诚曾在淄州当太守，听闻他所管辖的区域有一户人家藏有佛教的《楞严经》，且是唐代诗人白居易手写的。于是他二话不说，亲自登门拜访寻求至宝。主人在了解到太守也是一位收藏鉴赏大家时，对其十分敬重，便捧出了《楞严经》与其共同欣赏。这一观赏可不得了，明诚完全被吸引住了，但他知道不能夺人所爱，只能当场饱饱眼福。

然而身在家中的妻子却错过了这样的至宝，这难免让明诚有些失落。心中装着一个人，就是时刻都想把最好的东西捧在她面前。于是，明诚鼓起勇气向主人讨要回家借用几日。当天晚上，夫妻二人便烹煮了小龙团茶，一边品茶，一边鉴赏名帖。品茗啜饮，名帖相伴，好不惬意，一直到深夜都毫无睡意，就这样陶醉在静谧的夜色中。

当然，他们并不是每次都能有这样的好运气。有一次，有朋友满怀诚意地带来一幅《牡丹图》，此画是南唐画家徐熙所画，是一件书画珍品。展开画卷，只见其笔墨清新、风景雅致，精美程度瞬间就吸引住了明诚，然而此人却要价纹银 20 万两。就算明诚是官宦子弟，可要出这 20 万两的纹银也不是一件轻易的事。对此，明诚真的犯愁了。

这徐熙的画，在宫廷之中都算是宝物，就连北宋著名科学家沈括都在《梦溪笔谈》中对其极为推崇，《御制宣和画谱》更是称他"画花鸟鱼虫，妙夺造化"。

他们把这幅画放在家中存放了两日夜，一直思量着筹钱的办法。这两日，两人都不愿睡觉，一同赏鉴这画到天亮。清照实在是钟爱之至，甚至提议明诚卖掉京城里的一处宅子。然而这宅子也是古物，是明诚的父亲赵挺之交代要好好保管的。见此形势，清照的心里又闪过了一个想法，她说要回娘家去和父亲李格非再好好商量商量。

明诚看到妻子这般认真的模样，边笑边装作责怪地说道："我的傻娘子啊，你怎会有这样的想法呢？如今，我们也算是赏玩了一把假牡丹，倒也值得了。"

清照听完，那调皮的小性子又使了出来："你看，我像是牡丹吗？"

明诚哄妻子也是很有一套的，他不慌不忙地应道："初过门像赵飞燕，眼下赛过杨玉环。"

玩笑归玩笑，最后他们实在筹措不出这么多钱，无奈之下，只好将这画物归原主。

画归还之后，两人因这事在心中惆怅了许久，常惋惜对叹。后来，清照在《〈金石录〉后序》中详细地记载了这件事的来龙去脉："尝记崇宁间，有人持徐熙牡丹图，求钱二十万。当时虽贵家子弟，求二十万钱，岂易得耶。留信宿，计无所出而还之。夫妇相向惋怅者数日。"

怀着对金石等历史文物的钟爱之情，两人收集的东西越来越多，最终在家中的"归来堂"中建立起一个书库，将书整理干净，分门别类放置，并逐一标上记号记录在册，为的是将来需要查阅时，可以很快就能找到。除此之外，为了更好地保护这些书籍，他们专门立下规矩：不管谁来取书籍或其他文物，都需要在所备的本子上登记。若有破损，必须要接受批评。

"归来堂"是清照和明诚在青州居住时的书房。文学家晁补之对清照极为赞赏，他和清照之父李格非在同一时期因为党争被罢官，之后，晁补之选择了归隐，并在故乡修建了一座"归去来园"，园中所有的轩榭亭台都以陶渊明的《归去来兮辞》所能读到的言词来命名。想来，清照和明诚将书房取名为"归来堂"，其名下之意不仅是对晁补之的敬仰，也是他们对生活方式的一种选择。

事实上，他们日后的行动也证实了他们的选择。正如清照在《〈金石录〉后序》中所言："每获一书，即同共勘校，整集签题。得书、画、彝、鼎，亦摩玩舒卷，指摘疵病，夜尽一烛为率。"在这"归来堂"中，两人研究诗词，搜集金石古籍，力争让"纸札精致，字画完整"。在他们的精心打理下，"归来堂"逐渐变成一处奇珍异宝的收藏之地。

公元 1117 年，在清照全力支持和襄助下，明诚研究金石学的专著《金石录》得以完成，这预示着一部传世之作即将面世，这是明诚之幸，清照之幸，历史之幸。

他们像是一对从远古而来的仙人，并不在意这凡世的功名利禄，只在乎彼此在爱中的心意相通，这样的琴瑟和鸣，终成一段佳话。"金石缘分翰墨芬，文萧夫妇尽能文"，明代吴宽盛曾以此语盛赞两人的伉俪情深。

后来，北宋朝廷南迁，战火四起，清照着手整理所收藏的心血珍品，准备南下。由于战事紧张，清照先是留下了重大的印本书籍，而后是多幅画作及无款识者的古器，后来又删减了重大的古器等诸多不忍割舍的东西，仍押运了 15 车书籍器物逃亡。

一路上，兵荒马乱，尽管清照有勇有智，书籍器物仍是一丢再丢。然而，明诚依然坚定地叮嘱清照说："必不得已，先弃辎重，次衣被，次书册卷轴，次古器，独所谓宗器者，可自负抱，与身俱存亡，勿忘之。"这是他尽一生心血研究的珍宝，守护是他唯一的选择。遗憾的是，流亡途中的明诚不幸身染重疾，于公元 1129 年，在建康去世。

即使生活贫困，且忍受着流离失所的逃亡之苦和永失所爱的锥心之痛，但清照仍然没有放弃，她想尽一切办法来保护丈夫遗留下来的文物书籍。就算一切都被丢弃，就算文物散失了一次又一次，清照仍将《金石录》带在身边，一刻都不曾远离。这已然是她此生的挚爱。

百感交集之下，清照写下了千古奇文《〈金石录〉后序》。而后，清照将和丈夫明诚耗尽了半生心血并拼死守护的《金石录》进献于朝廷。这样一部著作，不应只属于清照和明诚，而应属于历史，传遗后世。我们从中可以看出一个女子的胸怀和魄力。

如其所愿，流传至今的《金石录》为后代保留了殷商、秦汉、六朝、隋唐、宋朝的断簋、刻石、墓志、碑刻、法帖等刊刻文字的原始资料，也使得后世对那些时代的风土人情、历史故事及诗词歌赋都有了更丰富的了解，这样的历史价值意义无限。

"金石缘分翰墨芬"，没有明诚，清照不会爱上金石学；没有清照，《金石录》不会在历史上闪耀出这般光辉；没有《金石录》，中华的历史文化中会缺失精彩的一页。他们的志同道合，是一种灿烂了千百年的成全！

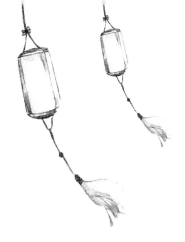

第四卷

山雨欲来风满楼

　　每个人的一生或多或少都要经历一些风风雨雨，这是必经的考验，不过有些人是小风小浪，而有些人则是狂风巨浪，有些人承受住了，有些人倒塌了。清照的前半生是晴空万里，而后半生是乌云密布，她所经历的风雨与众人相比似乎更急、更猛。

　　这些风雨给李清照的一生带来了怎样的影响，而清照又该如何面对呢?

天有不测风云

"只美鸳鸯不美仙"，清照和明诚的婚后生活这般形容再恰当不过了。人人都羡慕这样的感情，并且渴望拥有这样的感情，然而，这样的感情在历史的长河中都难以找到几段。若是能一直终老，倒是抒写了"执子之手，与之偕老"的最平常的浪漫。命运却往往最爱捉弄生活的有心人，为人间的美满制造一些难以跨越的鸿沟。

新婚不到一年，清照和明诚生活的宋朝就经历了一场巨大的风云变幻。身处朝局的两家人自是难以幸免，他们的命运出现了新的走向，婚姻也在经受着一场考验。

当时的朝廷之内日渐形成了新旧两派，一是以王安石为首的新党，一是以司马光为首的旧党，而蔡京一直周旋在新旧两党之间，善于见风使舵。

宋熙宁三年（1070），王安石开始实行变法。变法是一把双刃剑，推行得力就能推动历史的前进，而推行不当则可能带来灾难性的后果，最关键的是变法的出发点及实施过程。当然，有变法就有牺牲和付出，这毫无争议，有变革就有投机分子，自然也是无可厚非。

蔡京就是这场变法中的投机分子。变法发展到后来，奸臣蔡京在朝中成为了皇帝宋徽宗的宠臣。宋徽宗甚至很少理会朝政，完全放手由蔡京管理一切事务，生性奸诈的蔡京一旦重权在握，自是为所欲为，培养亲信，铲除异己。

朝政中的事，宋徽宗仅是听蔡京的奏报来定，在蔡京的极力蛊惑之下，宋徽宗将反对变法的苏轼、黄庭坚等所谓的"元祐党人"全部钦定为反派，将他们尽数革职、谪贬。当时，清照的父亲李格非因*"以文章受知于苏轼"*，是苏轼的学生，自然也难免被扣上"奸党"的帽子，受到了牵连。李格非被发配到了广西象郡，仕途彻底断了希望。原本的书香门第一时间家道中落，李家一蹶不振。

这样的情形之下，清照曾恳求同朝为官的公公赵挺之出面相助来搭救父亲。然而，赵挺之此时正是新党首领蔡京的红人，与旧党势如水火，才得以官运亨通。就算清照写下*"何况人间父子情"*等泣泪的文字，乞求赵挺之看在是儿女亲家的分儿上，看在天下子女都有一份孝顺父母亲的儿女情的分儿上，能有恻隐之心。

可是，在当时形势复杂的情形之下，赵挺之没有豁出去的勇气，不敢帮，也帮不了，终究没能代为走动、疏通，眼见李家一门落难。

"炙手可热心可寒"，没想到结婚不久，清照安稳幸福的生活就在一场政治风波引发的现实面前显得那么不堪一击，这样的冷眼旁观令清照感到心寒。

可悲的是，灾难还没有结束。紧接着不久，朝廷竟然又连颁两诏，一则是"宗室不得与元祐奸党子孙为婚姻"；另一则是"尚书省堪令党人子弟，不问有官无官，并令在外居住，不得擅到阙下"。这下清照不仅保不住家人，就连自己也不得不离开京城和心爱的丈夫到其他地方生活。此时的赵挺之在朝廷任要职，而自家的儿媳妇有一个尴尬的身份，赵家和清照的心理压力和内心的矛盾可想而知。

少时纯真自由的清照怎么也想不到，有朝一日会面临这样艰难的局面。

唯一庆幸的是，丈夫明诚并没有因其家道中落而对清照冷眼相看；而清照也没有因为赵挺之的行为而将怨念转移在明诚的身上。明诚能做的是尽全力守护住他们的婚姻，即使面临着被治罪的风险，明诚也不愿意和妻子诀别。在明诚的多方走动之下，清照才得以在回乡的诏令下流寓汴京。

若不是政治的纷争、高压以及人情的凉薄，清照也不会过上流寓的生活。

随后的几年里，清照一直陷在政治的旋涡中。直到皇帝亲笔所写的附有"元祐奸党"的石碑被雷击之后，皇帝才下诏大赦天下，解除党人一切禁令，清照在政令之下得以返回京城的丞相府，与明诚团聚。

看似是政治上的纷争，实际上是朝廷内的党派之争给这对鸳鸯般生活的夫妻造成了极大的破坏。因为此番变故，两个大家庭的关系自然出现了很深的裂缝；因为此番变故，两人被迫过着聚少离多的日子，也难怪清照的词作中有一种离愁别绪的忧愁。是夫妻两人互相怜惜着彼此且在尽全力维持着这段曾美满的婚姻，才终得相聚。

然而，另一场变故正在等待着刚从劫难中解脱不久的赵家和清照。

官场从来都是风雨莫测，"小人交之以利，利尽交绝"。渐渐得势之后的赵挺之和蔡京成反目之势，而后蔡京遭罢免。没想到。不久之后，蔡京便卷土重来反击赵挺之，赵挺之一败涂地，随即被罢官。

宋徽宗大观元年（1107），赵挺之去世，此时离他被罢相的日子仅五天。常言道："宁得罪君子，不得罪小人。"因为赵挺之生前曾得罪奸臣蔡京，在赵挺之去世之后不久，蔡京便以赵挺之是当年的元祐党臣举荐为官的理由，捏造了其纵容、包庇奸党等多项罪名，夺去了朝廷追赠给赵挺之的官职。"覆巢之下，安有完卵"，朝廷的政治斗争从未停止过，几乎与此同时，明诚的家属、亲戚等一众人都被捕入狱。最终因查无实据，得以释放，但明诚也因为一些莫须有的罪名而遭罢官。

世事无常，两个曾经那般体面的家庭最终都以中落收场，不得不令人心生怜惜。此时的大宋京城除了是一个是非和令人神伤的地方，显然已不是清照和明诚想要生活或者是能继续生活的家。清照不愿意看到赵家败落，也不希望明诚丢官，但唯一幸运的是，两人结束了经常分离的日子，能够长相厮守在一起了。

正如那时，明诚没有离弃清照一般，清照也心甘情愿同丈夫过清贫的生活，两人回到了山东青州的私宅，开始了长达十年的乡里生活。

没有了稳定的经济收入来源，两个人的生活过得比以往更艰难。明诚起初也很失落，但清照是一个天性乐观、洒脱之人。既然命运已经选择了让他们贬官归家，何不珍惜当下的生活呢？好在明诚也不是一个以官场为一生事业的人，他的一生所爱本就是对金石书画的研究，也就渐渐解开了心结。所以，赋闲在家的两人，有了更多的时间来做一些往日喜爱但没有精力能投入的事情。

这样贫苦的日子没有让他们丧失对生活的热爱，也没有令他们彼此怨恨，反而在这种半退半隐的生活中自得其乐。志趣相同的两人在这平淡的生活中，醉心于诗词的研究和金石书画的收集、整理，你支持我，我陪伴你，把日子过成了一首诗，留给了后世"赌书消得泼茶香""金石缘分翰墨芬"等浪漫佳话。

但即使再幸福的生活，也会偶有小插曲，清照和明诚的生活也不例外。

明诚是一个能包容清照、思想相对开放的人，但不是每一个人都能有明诚这样的境界。在青州的日子里，清照结识了一群情投意合的姐妹，有些是平民，有些是官宦家的女子。在这样一个风景优美的地方，且清照的心中也没有很多烦忧之事，那些年少时自由的天性又渐渐萌发出来了。于是，清照领着这群姐妹，踏青斗草，玩行酒令，郊外划船，坐香车过市，好不逍遥自在，自得其乐。

本是和他人无关的事情，可封建社会的陈规陋俗就见不得女子这般抛头露面，没有拘束。于是，有些街坊邻居就在私底下嚼舌根"清照是一个没有家教的女子""这样的行为必须制止""清照会带坏青州的风气"等，甚至有人将清照一纸状子告到了衙门，告其带坏了自家的老婆或姐妹。可这事，衙门怎么断呢？何况，清照的丈夫明诚都没有什么微词呢！更何况，明诚是官宦后代，万一有朝一日翻身，谁办理此案不得吃不了兜着走，于是这事不了了之。

这群姐妹们依旧是玩得不亦乐乎。

"假如生活欺骗了你，不要悲伤，不要心急，忧郁的日子里要镇静。相信吧，快乐的日子将会来临"。经历过命运的转变及生死离别的清照和明诚在这场风浪中挺过来了，尽管满身伤痕，终有良人相伴。这是一场人生的劫难，也是一场对他们感情的考验，幸好，他们不曾负过彼此相爱的真心。

漫漫人生路，充满着变数。来这人间走一遭，这人间百态的滋味总是随着每个日日夜夜来临，不管你愿意或者不愿意，都让人无处可逃。你接受也好，不接受也罢，没有人能代替你来面对。清照和明诚怎么也想不到，在这样一场浩劫之后，在这样重新拥有平淡的幸福之后，竟然有一场更大的灾难正在等着他们。

而这次，他们输了，彻彻底底地输了！

乌有先生子虚子

　　"福兮，祸之所伏；祸兮，福之所倚"，福祸本就是相依相随。青州的日子固然清贫，常常须节吃省用来维持日常的用度和兴趣爱好，但有平平淡淡的踏实和充实，这样的日子过了近十个年头后，赵家重新得到了朝廷的青睐。

　　有官可做，是福？是祸？

　　那一年，明诚只身前往莱州任太守，独留清照在青州留守。清照的心中情难舍，既有着对丈夫的无限留念，又担心丈夫的前途及分别之后的惶惶不安。

　　对清照而言，彼时的青州已是举目无亲，婆婆郭氏和同丈夫一起复职的两位兄长也都已离去，形单影只的清照除了剪灯弄花、吟诗作词，徒是心有戚戚然。

　　而另一边，许是重新回到官场的新鲜和兴奋感，许是青州的贫苦生活让明诚心中有压抑而不所知，许是出于官场的应酬，到莱州赴任之后的明诚一时沉迷于当下的生活而日渐忽略了远在他乡的清照，甚至有传言称明诚在莱州蓄养侍妾。丈夫的心有没有和自己有了距离，清照最清楚不过，万般滋味涌入清照心间。

在爱情里，女人执着于衷心，痴情于思念，愿与爱的人执手到老，才女清照也不例外。此刻，这样的愁绪是思念？是怨气？有多少事，又有多少话想和你诉说，可你，还是那个与我心意相通的人吗？远方的你啊，让我这般无法安心。山高路远，你的背影越走越远，独留我一人相望，这愁，你可曾看见，可曾听见，可曾感受到？

如果幸福已经走远，那就朝着幸福走去。若是留在青州，只会让自己成为一个怨妇，清照决心去莱州。"**甘心老是乡矣**"，虽然在青州过着平淡的日子终老是清照曾有的夙愿，但如今只能成泡影，生活有时就是半点不由人。

离开青州之前，清照首先面临的就是与那一同欢声笑语过的姐妹们告别。

蝶恋花

泪湿罗衣脂粉满，四叠阳关，唱到千千遍。人道山长山又断，萧萧微雨闻孤馆。

惜别伤离方寸乱，忘了临行，酒盏深和浅。好把音书凭过雁，东莱不似蓬莱远。

这些姐妹们是清照在青州时同欢乐、共悲苦的人啊，她们曾在一起度过了多少个日日夜夜，在青州这片土地上留下了多少回忆。如果没有她们，清照在青州的生活会失去许多色彩。可如今一别，不知何日才能相见了。

送别的这一天，正好下着微微细雨，四周透出一丝萧条。十里长亭相送，送了一亭，又情不自禁地走向了下一亭。这《阳关曲》，是谁唱了一遍又一遍，唱得人心乱了，泪也止不住地流，直到衣衫被泪水浸湿。此刻，我孤身一人在这驿馆之中，这凄苦的雨声令我的离别不舍之情更浓了。别了，我的姐妹们！别了，我的青州岁月！此一去，山长水远，何时是归期。纵有千言万语，也难与你们分说，就都化在这饯行的酒中吧！

我亲爱的姐妹们，此后就是分离两地，无法随时相约了。若有大雁飞来，请记得让它带来你们的消息，以慰藉我的相思之情。好在，莱州是一个实实在在存在的地方，不似蓬莱山那么虚无缥缈，让人无处可寻。

青州的姐妹是否真到莱州找过清照，我们无法得知，可是"**海内存知己，天涯若比邻**"，无论身在何处，至少有过这样一份真情曾相伴，或永相伴。

而我们能知道的是，清照此去莱州，就再也没有青州那样安稳的日子了。

从青州出发的时候正是八月中旬，清照顾不及烈日炎炎，心想着与丈夫团聚，一路奔波一月有余，无数次幻想着和许久不见的丈夫相聚的场景。

到达莱州之后，清照见到明诚的生活与她想象中的完全不一样，原以为是公务繁忙，生活清贫，没想到家中布置奢华，歌舞相随，小妾相伴，相当滋润。清照的心在隐隐作痛，想她一人在青州那般挂念和忧愁，而他却能这般享乐而毫不念及她。

或许，男人从来不属于煮酒烹茶的生活，他们的骨子里系着功名利禄和风花雪月。就算能为你采菊东篱下，那也不能长久。除了挚爱，他们想要的还很多。

在莱州的生活和青州相差甚远，明诚每日早出晚归，混迹在官场，沉迷在酒色之中，和清照见面的机会并不多，即使能见面，两人也不曾能掏心窝地诉衷肠。

"等闲变却故人心，却道故人心易变"，明诚是否如这般变心了，但琴瑟和鸣的生活一去不复返已是事实，眼前的明诚，显然不是清照心中那个想执手到老的他。

明诚自是过他官场之人的奢侈生活，清照有怨，也有痛，当然更渴望丈夫的回心转意，但她是一个独立型的女性，不会以声泪俱下的方式来挽回。

每日，她固守着她的清贫，静静地看着身边的这一切。既不大鱼大肉，也不需要金银首饰，清照只需要一个书房、一壶酒、一架琴，在这声色犬马中弹琴伴读书，整理书画和金石。有她的地方，就会散发出一缕缕清新的墨香。

感怀

作诗谢绝聊闭门，燕寝凝香有佳思。

静中吾乃得至交，乌有先生子虚子。

一无所有的孤独时刻，清照以拥有"子虚子"和"乌有"两个知交相陪来调侃自己。

她在等，等故人的心回到自己的身边。"倚门回首，却把青梅嗅"，那个让自己躲在门后偷偷张望的少年郎啊，我从来没有忘记过往的美好，我能原谅你的见异思迁，不过是希望你能早日醒来，回到最初的原点。

许是朝廷之中没有休止的争斗让明诚开始心生厌倦，许是清照来到身边的那些熟悉的点点滴滴，让往日的温存一点点重新在明诚的心中点燃，毕竟两人是少年时相识、相恋、相知的人，且经历过了惊涛骇浪的折磨，谁也放不下谁。清照虽偶有怨言，但她能感受到丈夫明诚的爱，两人的关系又渐渐融洽了。

此后不久，明诚改任淄州太守，这一次将清照带到了身边。饮酒品茶，对烛赏文，在相互陪伴的日子里，两人似乎又回到了青州时彼此依靠和志趣相投的时光。

可是，真能回到过去吗？何况此时，他们离那场令他们输得彻底的灾难越来越近。

国破家亡欲何之

宋徽宗即位之后，极为宠信蔡京等朝臣，以至于他们的党羽遍布朝廷。奸臣当朝的这段时间里，一方面排除异己，打压重臣；另一方面唆使着宋徽宗日夜歌舞升平，大兴土木，搜刮民财，整个大宋朝从上到下怨声载道。朝中国库空虚，冗兵冗员，一切推动国力的运作几乎瘫痪。就是在这一时期，北方日益强大的金开始频繁地进攻宋朝的边关，大宋朝内忧外患，处在风雨飘摇之中，随时都有大厦倾倒的险境。

在这危急的时刻，宋徽宗居然选择了退位，将帝位传给了他的长子赵桓，也就是宋钦宗。新皇上任当如何？就算重烧几把火，也改变不了这无力挽回的局面，何况这也不是一个能力挽狂澜的皇帝。在宋钦宗上位的两年之后，金兵举其兵力渡过黄河，直逼汴京城。在这危亡的关键时刻，宋徽宗曾宠信的大臣出卖了国家和民族，不仅主动献降金兵，还献出了黄河给金人，这直接加速了北宋的灭亡。

金兵将汴京攻破之后，直接掳走了宋徽宗和宋钦宗二帝和朝中的一众大臣，将其囚禁在黄龙府，并占据了黄河以北的领地，这就是历史上有名的"靖康之难"。

此时维系着宋朝尚存名义的皇帝宋高宗赵构只能仓促南渡，开始了逃亡的生涯，其在江南临安建立起了南宋朝廷，也就是历史上所称的南宋，偷得一时的苟且。

靖康之变，社会动乱，统治阶级偏偏只会一味逃避战争，这无疑是让民众陷入到水深火热之中。国富民强，人民之福；国家落后，人民之难，明诚和清照自然也难以逃脱家国衰亡的命运，自此过上了颠沛流离的流亡生活。

适逢国难，也是多事之秋，明诚的母亲郭氏在江宁病逝（今江苏南京），闻此噩耗的明诚从淄州赶往江宁奔丧，而此时，他们的老家青州也面临着战火的祸害，清照无奈之下，只身赶回青州抢救"归来堂"中收藏多年的珍贵文物。

虽然经历过朝廷的内斗，经历过家庭的落败，但并不是刀光剑影的事，他们又"几曾识干戈"？清照没日没夜地把文物筛选出来，装运出15箱，一路逃往江宁。

没想到，当年12月，战火就烧进了青州，将赵家旧宅中的十余屋书册文物烧为灰烬，这些珍宝都是明诚和清照心血的结晶，如今付之一炬，令清照心痛不已。

而青州，那个曾美好的家园，已在战火中难寻往日的踪迹。

当清照带着仅存的文物逃亡到江宁的时候，明诚已经是这里的知府。

在这儿，明诚和清照终于能有短暂的停留。相依为命的两人，却再也没有了往日般甜蜜。在战火中，生存都是问题，怎还能有那些浪漫的奢想呢？

惊魂未定的清照，同丈夫明诚住进了这江宁府的高墙深院。

临江仙

庭院深深深几许，云窗雾阁常扃。柳梢梅萼渐分明，春归秣陵树，人客建康城。

感月吟风多少事，如今老去无成。谁怜憔悴更凋零，试灯无意思，踏雪没心情。

春天来了，万物生长。那柔软的柳条已经有了新绿，经过了一个寒冬的梅花也正在吐蕊，在这古城的周围，树木都渐渐绿了起来，一切春的景象越来越分明。可眼下战火纷飞，身在异乡的清照又向何处赏春景呢？有何心情赏春呢？那云雾缭绕的楼阁门，已经许久未开了，清照只能困在庭院之内，和那春隔着一层一层的距离。

这锁的岂是门，而是清照那一颗曾年少的心哪！

年轻的时候，多少个这样的春日，清照和明诚一同踏春郊游，看遍这满城的春色，享受这绵柔的春风；多少个这样平常的日子里，清照和明诚一同烹茗煮酒，共醉诗文，共迷金石，徜徉在那诗一般的甜蜜的生活中，与这美景同醉。

如今啊，国家衰亡，一身飘零，人也日渐老去，可又能做些什么呢？

"中州盛日，闺门多暇，记得偏重三五。铺翠冠儿，捻金雪柳，簇带争济楚。"这样的元宵节盛景，再也无缘相见；"天大雪，即顶笠披蓑，循城远览以寻诗"，这样的踏雪寻诗，再也无缘同行。即是元宵花灯重如昼，即是冬夜雪满城，这一切也与清照无关了，此恨不关灯与雪，可这灯与雪的场景引发了回忆的无限愁。

日子就这样过着，逃离的日子里，清照一天比一天憔悴，一日比一日老去，除了心灰意冷，还有什么事情能让她觉得有意思，有心情呢？

一介女子尚有这样的家国忧思，可皇帝却心心念念着求和，从上到下的官僚们却心心念念着怎样享乐。凭借着长江这个天险，他们自以为金陵城万无一失，可得一时安乐。于是，宋高宗赵构遂驻跸金陵，并且将江宁府改为建康府。

这年的上巳节，是一年之中盛大的日子。明诚的家族中人悉数来建康相聚，其宴间歌舞升平，笑语不断，也许只有清照是在强颜欢笑吧！

宴席散罢，清照久未入眠，写下了一首《蝶恋花》。

永夜恹恹欢意少。空梦长安，认取长安道。为报今年春色好，花光月影宜相照。

随意杯盘虽草草。酒美梅酸，恰称人怀抱。醉里插花花莫笑，可怜春似人将老。

若是往年的上巳节，清照必定要与闺中好友或家人一同到郊外踏青，或是在院内斗草。可如今，朝廷局势动荡，金兵威胁仍在，飘零之人，岂有游乐之心呢？

宴会上的，是那酸梅酿成的酒，却始终不是故乡的风味。也许，美味佳肴都已不会合清照的心意，因为，所有的东西，只要入心，都会和着这心中的酸味，成为万般的酸楚，难以与人说。你看，这四周不都是欢颜吗？谁会在意你的失落，在意你的家国情愁呢？算了，何必去破坏这愉快的气氛呢，不如且一人独行吧！

是夜，午夜梦回，清照似乎又回到了汴京城的家，那里有疼着自己的父母亲，有无忧无虑的时光；似乎又回到了和明诚新婚的日子，携手同游汴京城。那汴京城，多么繁华；那城中每一个角落，都是生活的气息，一切温馨又惬意，可烟火，可诗意。

梦越真，醒来越是落空，那不过是梦里的汴京，曾经的汴京罢了。

一切，是那么不真实。就连户外的那些春景也失去了原本的吸引力。已是春天，建康城内的花争奇斗艳，月影依然婆娑。在流离的人眼中，这一切的美像梦一般虚幻。

这春将逝，人也将老去。那，这国呢？破了，还会再有完整的一天吗？

颠沛流离的日子里，一切都让人没有安全感；一切都让人觉得索然无味。

颠沛流离的日子里，不确定的事情总是悄然来临。

一天，明诚接到手下的汇报，江宁城里发生了叛乱。此时的明诚已经接到了上级的命令到湖州任知州，并在移交相关的事宜。平叛意味着风险，明诚不愿意在这关键时刻冒险，就将此事置之不理。

当天晚上，明诚的手下自行平息了叛乱，在天亮之后正想向明诚汇报之时，却找不到他的身影。后来，他们才发现，原来明诚已收拾好包袱连夜出逃了。因为这事，明诚以失职罪被罢官。

在生死存亡的危急时刻，往往才能看出一个人真正的人品。清照的骨子里是一个有家国情怀的刚强之人，如果说，明诚在莱州蓄养侍妾仅是一个男人的见异思迁，清照能以过去的情谊和对两人感情的坚信等待他的回心转意。那么，明诚在江宁做的这件没有担当的事则让清照心中蒙羞，两人的感情已经有了明显的裂痕。

实际上，从金人进攻宋朝以来，清照就是一个积极的主战派，无奈朝廷一步步退让，仅寻求一时的苟且偷安。这一桩桩、一件件让清照心中已充满了愤懑，尤其是大好的祖国河山就一点点断送在那些奸臣贼子和软骨头的手中，她已是义愤填膺。

在路过乌江之时，此情此景令清照想起了当年在这里自刎的一代霸王项羽。只要渡江，项羽完全有活下去的希望，并且能卷土重来。但是他没有选择苟活于世，而是以死明志。生时是人中豪杰，死后亦是鬼中英雄，项羽的舍生取义令后世膜拜。

和项羽的选择相比，宋代朝廷和像丈夫明诚这样的选择，是何其渺小啊！

夏日绝句

生当作人杰，死亦为鬼雄。

至今思项羽，不肯过江东。

短短 20 个字势如千钧，可以看出清照心中的豪情，可以读

到一种无所畏惧的人生姿态，可以感受到巾帼不让须眉的女子气
魄，可以使人从内心里升腾起一股爱国的热血。或许到这时，我
们才更深刻地认识到一代才女不仅只有小女人的喜怒哀乐，也拥
有着家国情怀的正义感。正是因为这些，清照才更值得被尊重，
更值得被历史铭记。

　　不知此时此刻，听到这首诗的明诚作何感想呢？也许才真正
认清妻子骨子里是一个怎样的人吧！清照虽对其心有不满，可是
在国家大难之际，已经不是他们能谈论爱情的时候，也不是能争
论是是非非的时候，接踵而来的灾祸让他们只能疲于奔命。

　　两人历经两个多月的奔波，一路逃亡到池阳（今安徽贵池）。
经历过这么多的风风雨雨，清照和明诚都已经是身心俱疲，伤痕
累累，本欲前往赣水边就此定居，理一理这不堪承受的经历。可
天不遂人愿，原本已被罢官的明诚又被南宋朝廷委任为湖州知府，
且先须到建康觐见皇帝以表谢恩。

　　6 月的一天，是明诚出发的日子。身着葛衣、戴着头巾的明
诚似乎比往日显得有些精神，望着前来相送的妻子挥手告别。"必
不得已，先弃辎重，次衣被，次书册卷轴，次古器，独所谓宗器者，
可自负抱，与身俱存亡，勿忘之。"临行前，明诚对那些从青州
运出来的珍贵收藏还是放心不下，对妻子千叮咛、万嘱咐。世间
之事，冥冥之中自有注定。此一言，竟是夫妻之间最后的约定。

此一别，从此阴阳相隔。

行香子

　　草际鸣蛩，惊落梧桐。正人间天上愁浓。云阶月地，关锁千重。纵浮槎来，浮槎去，不相逢。

　　星桥鹊驾，经年才见，想离情别恨难穷。牵牛织女，莫是离中。甚霎儿晴，霎儿雨，霎儿风。

　　草丛的虫叫，惊落了梧桐叶；这天气，不是晴，也不是雨，心中一种离愁涌起，似有说不清、道不明的直觉。那牵牛和织女，今夜怕是难以重逢吧！很多事情，冥冥之中自有注定，这是不是也是一种不祥的预兆呢？

　　世事就是这样，与心爱的人有一种与生俱来的心意相通。在官舍的庭院徘徊着，整夜无法入睡的清照，不久之后就等来了她所担心的消息。

　　自战乱以来，明诚多处于奔波的状态，本已落下了一些毛病，何况心理压力重，而此次因为急于上任而赶路，也没有考虑到天气等因素，明诚一下就病倒了。这一病可不同往常，等到 7 月，明诚写信给清照的时候，已经是卧病在床的人。

　　"余惊怛，念侯性素急，奈何。病疟或热，必服寒药，疾可忧。"正如清照所担心的那样，明诚是一个性子急的人，一发烧就会自行胡乱吃一些凉药，不仅没有效果，反而加重了病情，这次也不例外。就算清照不分昼夜地赶了300多里路来到明诚身边，一切也都来不及了，见到的是已病入膏肓的丈夫。尽管清照在身边不离不弃地贴身照顾，明诚的病依然是毫无起色，清照心中明白，将永失挚爱。

仅仅过了几天，明诚就在取笔作诗后去世，没有留下任何的遗嘱。

"白日正中，叹庞翁之机捷；坚城自堕，怜杞妇之悲深。"十多岁初相识，在京城度过最甜蜜的新婚期，在青州相知相守十余载，而后在莱州、淄州、江宁等地流亡。

你是我"倚门回首，却把青梅嗅"的怦然心动；你是我"云鬟斜簪，徒要教郎比并看"的少女娇羞；你是我"赌书消得泼茶香"的诗词挚友；你是我"此情无计可消除，才下眉头，却上心头"的闺中之思；你是我"金石缘分翰墨芬"的志同道合。

你是我家庭落败后的依靠，你是我贫苦生活中的精神支柱，你是我流亡路上的唯一依靠。你和我分享过甜蜜，你和我同享过幸福，你也分担过我的悲伤。

从少年到青年到中年，几十余载的陪伴，你见证着我一路的人生旅程，却以这样的方式向我告别，以我完全没有想过的结局。原本我们还能重新安定下来，一起整理这颗疲惫不堪的心，一起踏雪寻诗，一起赌书泼茶，一起醉在金石的世界里……没有了，再也不会有了。从此以后，这人世间还有谁能如你般同我相知相守？

以往，哪怕是四处流浪，只要有你的地方就是家；哪怕我们心中有怨，也都能在彼此的爱意里消融；可如今，天下之大，何处才是我的容身之处？何人还能让我依靠？

随着明诚一同安葬的，还有清照的青春和那颗心。

世间再无明诚，相依为命终难成，曾经的神仙眷侣阴阳相隔。

屋漏偏逢连夜雨

料理完明诚的后事，清照也大病一场。

孤雁儿

藤床纸帐朝眠起，说不尽无佳思。沈香断续玉炉寒，伴我情怀如水。笛声三弄，梅心惊破，多少春情意。

小风疏雨萧萧地，又催下千行泪。吹箫人去玉楼空，肠断与谁同倚。一枝折得，人间天上，没个人堪寄。

新的一天，清照从清雅的环境中醒来。然而，心底是一种无法摆脱的思念和感伤，如同心缺失了一块。四顾茫然，所爱之人何在？

那玉炉中的香时断时续，就如这似断非断的愁思。在这寂寥之际，是谁吹起了一曲《梅花三弄》，吹开了那满枝头的梅花。花开灿烂，心却怅然若失。

门外的雨一直没有停下，门内的人儿，泪水始终没停。渐渐的，箫声停了，吹箫的人也走了。这走了的是箫声，也是清照心中的人呀！纵使，此刻在那满树开放的梅花中折得一枝，可这天上人间，何人能与清照共赏呢？

玉楼空，玉楼寒，春意来，春意凉。心是凄然，此情难寄。

哪怕魂断，这活着的人啊，仍有使命。

明诚去世之后，守护明诚临终前所嘱托的藏品就是支撑清照生活的全部力量。若非如此，清照宁愿在病中逃避这不知所措的现实。好不容易战胜了病魔，不曾想，一场新的暴风雨正在向这个尚未走出悲伤的未亡人席卷而来。

经历过世间冷暖的清照没想到，人性竟然是这般丑陋。丈夫明诚在世之际，两人对书画、金石的爱好声名远扬，虽然世人都知道他俩是收藏爱好者，且有许多价值不菲的藏品，但没有人敢觊觎这些藏品。即使有这样的想法，也不会明目张胆地取之。可当明诚刚一去世，各种无耻之徒就张牙舞爪，尽显人性的丑态。

可笑的是，宋高宗赵构就首当其冲。一个国家都守不住且在逃难中的皇帝，想的不是如何守家护国，而是如何得到百姓家中的珍藏，真是匪夷所思。明诚刚逝去，宋高宗赵构就派身边的亲信医官王继拿着三百两黄金向清照买那些珍贵收藏。区区三百两黄金，买一人毕生所珍藏，且是一个新寡之人。这样以权力相欺，与贼人何异?

若不是当时在任的兵部尚书,也就是明诚的姨兄谢克家极力上书劝阻,这事不会善罢甘休。于清照而言是无力抗争的灾难,于宋高宗也是耻笑千古的笑话。

当时,金人紧追不舍,战事日益紧张,一个女子在这乱世之中怎能保全这些引人注目的藏品,清照想到托付是比较稳妥的方式。彼时,丈夫明诚的一个妹婿正在兵部任侍郎,是皇帝在洪州的护卫,这应是一个可依靠的力量。

于是,清照先派了家中的老管家拖着这些贵重的器物前去投奔。真是人算不如天算,东西到达洪州没多久,金兵就攻陷了洪州,那些器物在战乱中基本丢失。

清照从青州老家运出来,又从淄州一路运过长江的这 15 车藏品,在转眼间就化为了云烟。剩下的是十多件夏商周的鼎鬲、几箱南唐写本书、部分诗文集写本、汉唐石刻副本几十卷及一些轻小的书画,这些都是清照放在卧室之内赏玩的东西,也因为这样才在战乱中得以留存下来。

即使此刻是刻骨铭心的痛和锥心的悔恨,清照也要把仅剩的这些藏品保存下来。

时任台州勅局删定官的李远是清照的从弟,清照决心投奔他。可当清照到台州之后,那里的太守已经逃跑了。然后一路辗转到剡县、睦州等地，都没能如愿。

一波未平一波又起，防不胜防。

就在清照还在为藏品的落身之地日夜奔波、愁肠百结的时候，民间已经有谣言四起，这个谣言令她胆战心惊。说"明诚在病重的时候曾卖国通敌，将一个玉壶送给了势同水火的仇敌金人"。而事情的真相是，一名叫张飞卿的学士曾带着一个玉壶来看望明诚，当时明诚还看出了那是一个赝品。

事到如今，谁又管真相是什么？谁又能证明真相呢？悠悠之口，以讹传讹，昏君奸臣，谁管他们家人的清白和死活呢？经过一番慎重的思虑，清照决定把所有珍藏在家中的金石什物悉数上表给南宋朝廷。此举一来能保全家中之人的清白，二来也是藏品能得以保存的最佳举措。

只是金人的不停进攻，让南宋的皇帝也是四处逃亡。清照要把藏品送到宋高宗赵构的手中，也得跟着他逃亡的路线一路追踪，一场新的辗转漂泊即将开始。

清照从海上一路追随御船到温州，又紧随高宗前往越州，再到衢州……其间，清照租住在一户百姓人家之时，藏品还被贼人挖开墙角盗走了一部分。后经多方打听，虽然得知了藏品的下落，但都已经被低价贱卖给他人，四散开去了。

虎落平阳尚且被犬欺，何况是这样一个弱女子？

　　乱世之中，焉得正义和秩序？所有的艰辛和委屈都只能默默承受。清照的心中只有一个信念，就算最终留住一件藏品，也要誓死完成这守护的使命。为此，所有的磨难，清照都要咬牙撑住，否则，就无颜面对夫妻两人一生所有的回忆和重托。

　　世态炎凉，唯有坚强才能使人有活下去的力量。清照的骨子里有愤怒、有哀愁、有无奈、有困苦，可这些，通通都融化在了她的倔强里。没有什么能真正把她击倒，以一棵树的姿态站立下去，以一棵树的姿态屹立在天地之间，不畏惧，不退缩。

　　宋绍兴二年（1132 年）正月，历经三载奔波的清照终于在杭州追上了宋高宗。

　　烽火四起，铁蹄践踏，山河破碎。这一场"靖康之难"彻底地改变了宋朝的国运，使百姓深陷水深火热之中，让无数人成为了得过且过的流浪者。亲人亡故，藏书多毁，疾病缠身，这一场"靖康之难"也彻底地改变了清照的个人命运，从此，一人沦落天涯。

第五卷

最是回忆愁断肠

"斯人若彩虹，遇上方知有"。遇到真爱的时候，空气里都是幸福的味道，一旦失去，就像整个世界已经崩塌。这样的遇到又失去，是否宁愿从来没遇到过呢？

当一切美好成为过往的时候，留下来的也只有回忆了。回忆越是快乐，当下越是苦楚，最是回忆愁断肠。中晚年的清照的人生主旋律只剩下愁，愁风，愁雨，愁花落，愁来一夜难眠，一日难度。繁华过后，一切皆成旧梦。

非玉镜架亦安知

如果说年少时的清照能随心所欲，是因为她生活在一个太平盛世，是因为有一个家能为她遮风挡雨，是因为她不需要与这复杂的世事打交道，她只需要做好自己。

如今，人到中年的清照，一切已经变了模样。那个守护着她在年少时期无忧无虑的家已经落败了；那个能和她携手前行的丈夫已经阴阳相隔了；那个曾让百姓安定的盛世已经支离破碎了；就连她也已青春不再，容颜难再复，日渐年老色衰了。

生逢乱世，身不由己；一人飘零，身不由己；担负重任，身不由己。

添字丑奴儿

窗前谁种芭蕉树，阴满中庭。阴满中庭，叶叶心心，舒卷有余情。

伤心枕上三更雨，点滴霖霪。点滴霖霪，愁损北人，不惯起来听。

　　谁家种下的芭蕉树，留下了一片浓阴，将这院落遮到阳光无处可觅。芭蕉树尚且叶片和叶心相互依恋着，一副恋恋不舍的姿态。可清照呢？若她是叶心，此刻，已没有叶片能与她相依了，又何来绵绵不尽的情思，这怎能不让人感怀？

　　思念与苦楚，化成了止不住的泪水，偏偏这雨仍要在这三更天里滴个不停，滴滴浸入清照的心中，让人难以入睡。想到那无法回去的家园，想到无法回来的丈夫，想到那苟且无能的朝廷，清照不想听这雨声，也听不下这雨声了。

　　夜来思绪万千，醒来生活依旧，一切都要继续。

　　清照必须独自一个人承受，一个人与这纷繁的人世抗争，一个人生存下去。

　　清照牢记着丈夫的嘱托和遗愿，守护着两人毕生所收藏的书籍和金石文物一路颠沛流离。有强权压身，有流言扎心，有盗贼相欺……清照已分不清何为真，又何为假，如惊弓之鸟，对这个丑陋的社会失去了所有美好的愿景。身心俱疲的人，在内心里只是需要有一个肩膀能依靠，哪怕是短暂的一瞬间，可何处才是能令她稍做停留的港湾？这个时候出现在生命里的一点亮，就足以照亮她的整个世界，成为她危难之际的救命稻草，因为清照已经太久没有放下过防备了，也太需要放下防备了。

只是，这个时候出现的肩膀，是否真值得依靠呢?

逃亡两年有余的清照，疾病缠身，孤苦无依，极需要一位有力的亲属扶持。于是，她选择了投靠她的弟弟。在那儿，清照遇到了这一生中最让其痛苦之人。

初见张汝舟，这人温文尔雅，彬彬有礼，颇有翩翩风度，其又是丈夫明诚的同学，这个身份就让清照放下了很多的防备。在弟弟家借居的那段时间，张汝舟的表现常让清照对其另眼相看，更重要的是，他对清照体贴有加，甚至是百依百顺，这让一路经历苦难的清照的内心重新感受到了一丝的温暖。

"近因疾病，欲至膏肓，牛蚁不分，灰钉已具"，要知道流亡时候的清照已经病到连牛和蚁的叫声都分不清楚了，如今张汝舟愿意手持婚书来给清照一个家。

在张汝舟的糖衣炮弹之下，清照的心正在一点点融化。而那时，清照的弟弟也希望姐姐能尽快找到一个新的依靠，毕竟姐姐进门借居在那个朝代颇有杂议。若姐姐有人依靠，也能减轻一些养家的负担。在现实面前，张汝舟无疑是最佳的选择。

贞节对古代的女子而言，是尤为重要的名节。从当时社会的整体风气而言，虽有司马光、朱熹等阶层的人对寡妇再嫁一事极力批判，但整体而言，在社会下层群体中，人们还是对此事相对宽容,寡妇改嫁在当时的宋朝还是比较寻常的。一般而言,寡妇为其亡夫服丧 27 个月之后就可再嫁。

对清照而言,此时明诚已去世快三年,而明诚的父母也都离世。清照对其丈夫一方已没有赡养的义务,何况他俩生前并没有留下子嗣,更无须非留在赵家。

赵家及李家虽然已经落败,但也曾声名显赫,且清照也属于朝廷命妇,况且她的才华还名震天下,所以在清照决心再嫁给张汝舟的时候,还是引发了很多不同的声音。人们依然以“贞节”二字对其横加指责,尽管是这样,清照依然顶着流言再嫁。

清照原以为这样一个翩翩公子且对自己这般体贴,能在婚后过上琴棋书画般的安定生活。原以为这一生的苦已在这些年尝遍了,老天应会重新给她幸福的机会。

可是,清照错了。她人生的幸福已成为了过去式,苦是生命中剩下的主题。

刚结婚,张汝舟就原形毕露,不仅没有真正的才学,而且连官职也是冒充的,将原本的真实身份有意隐瞒了。更重要的是,他要求清照将书籍和金石文物的管理权交给他。这些藏品是比清照生命更重要的东西,她怎么会同意让他人来保管呢,尤其还是这样一个徒有其表之人。可张汝舟却步步紧逼,清照这才发现自己是彻彻底底上当了,原来之前的一切都是伪装,真正的目的是骗取文物。

任凭张汝舟怎样要求，清照始终不同意。"遂肆侵凌，日加殴击"。没想到这个道貌岸然之徒竟然对清照拳脚相踢，威逼利诱，真是极品的"渣男"无疑。

若是其他女子，也许忍气吞声屈从丈夫的要求就这样过了。但张汝舟碰到的偏偏是清照，这个骨子里带着一股傲气、从不肯轻易屈服的刚烈女人。

清照想得很明白，如果继续维系着这段婚姻，那虐待的日子不会有尽头，且最终也会失去所有挚爱的藏品，这是她绝不想看到的。清照已心如死灰，提出了一个令张汝舟，甚至当时的朝廷都不会想到的要求：离婚。

女子离婚在封建社会是一件离奇的事，在宋朝的法律中，丈夫有很多的条件能休妻，但妻子是没有权利提出离婚的，除非是丈夫有乱伦之类的侵犯。清照的离婚之请根本就不符合当时的法律要求，如果清照执意离开张汝舟，将受到两年的拘禁处罚。

休妻，有戏。休夫，没门。张汝舟怎么可能答应这样的要求。

张汝舟以为掌握住了清照的命门，认为拿他没有办法，最终只能就范。但是一旦做出决定之后，清照拼死也会做成这件事。清照没有以离婚的名义提出诉讼，而是以"妄增举数入官"

的名义状告张汝舟出现了渎职的行为，并希望在审判结束之后能判定其能解除婚姻，这大概是张汝舟死也想不到的方式。

宋代官吏的有关行政制度规定，如果举子达到了特定的年龄或者是考进士多次仍不中，那么就能向朝廷上奏，由皇帝赐予其一个"特奏名"的名义，以此求得官职。一般而言，这类官职需要举子达到40岁之类的规定年龄，或应举次数已有6次等相关的记录。这样一来，即使没有通过进士科的考试，也有机会能走入仕途。当然，如果为了求得官职，在填报资料的过程中刻意夸大举数，将会受到严厉的处罚。

无论在什么时代，都会有人试图钻法律的空子，以此来捡得"馅饼"。也许是亲眼见过有人在谎报之中如愿走上仕途，张汝舟也做了这样一个谎报者。

但很不幸的是，他遇到了清照，一个他还没有真正能读懂的女人。

朝廷也许能对一个婚姻中受欺压的女子视而不见，但他们不能对一个违背朝廷制度的人听之任之。张汝舟在定罪之后被发配到边远的柳州，这场婚姻也因此终结。

清照在这场婚姻中重获了自由，但又失去了另一种自由。由于起诉自己的丈夫，清照面临着两年的牢狱之灾。明知即使离婚成功，也要身陷囹圄，清照依然坚定不移地这样选择，何等女子有这样的气魄。一个女子为争取自己改变命运的骨气令人深深地敬佩,在千百年前的那个朝代,能这样选择的能有几人?

何况,对簿公堂之际,清照对抗的不是张汝舟,而是一个社会已经约定俗成的惯例。要知道,"三从四德"可是古代女子最重要的美德;"女子无才便是德",古代社会对女子的要求是即使无才,也不能无德。如今一个年老的寡妇离婚,还将自己的丈夫告上公堂,这德行何在,这是一个女子该有的样子吗?简直是让天下人所不齿,这事甚至惊动了宋高宗,可见当时的轰动效应,也可见清照做出此番决定的勇气和所面临的压力。

但清照最终就是这样做了,只有这样做,才是我们认识的清照。

这一生经历了无数颠沛流离的清照,到了50岁知天命的年纪,竟还有一场牢狱的劫难。不幸中的万幸,尚有亲戚、朋友愿意为其奔走,清照最终被关押了9天得以释放。然而,仅是这9天,也带给了清照这一生不会忘记的一道深深的印痕。

在如今的我们看来,清照冒着牢狱之灾,结束了这不到100天的婚姻,是一种勇气的选择,是一种独立的宣言,是一种权利的捍卫,是一种令人颔首称赞的女子精神。然而,在那个饿死事小，失节事大的古代社会，再婚、休夫、控诉，无论哪一件都不是一个有德行的女子所为，清照也因此遭遇了前所未有的流言蜚语。

可清照赢了，挺过来了。

清照能选择一生偕老之人，也能有离开他人的能力，这是一个女子的底气和霸气。不是每一个才女都有这样反抗时代的魄力，多数不过是把命运压在他人手中罢了。

同是宋朝才女的唐婉就没有做出这样的选择。

一个是出身于书香门第的才子陆游，一个是文静灵秀的才女唐婉，两人青梅竹马，情投意合，成就了一段良缘。婚后，两人的生活你侬我侬，羡煞旁人。可就是这样的情意，让陆母觉得唐婉让陆游沉迷于声色之中，不思进取。于是，一纸休书给了唐婉。唐婉无力抗争，也没有抗争，除了把悲伤沉淀在心底，一切都是枉然。而后为了照顾家人的面子，在家人的安排下，唐婉又匆匆嫁给另一个人。直到读到陆游的一首《钗头凤》："山盟虽在，锦书难托，莫！莫！莫！"情难忘，忧从中来，郁结而亡。

任人弃，无能为力；任人做主，无能为力，这是唐婉之悲，也是女性之悲。

另一位同朝才女朱淑真的才华与清照不相上下，也是一个与封建礼教对抗的女子。她有着对心中美好爱情的向往，也曾幻想过"赌书消得泼茶香"的美好时光，可惜遇人不淑，嫁给了一个一心经营仕途、爱好美色的不顾家之徒。于是，朱淑真开始了她的抗争。

"靖康之难"后，朱淑真与其夫在战火中被冲散。此后，朱淑真只身回到了娘家，并寻求自己的真爱，也找到了所爱之人。在古代，女子的每一个与时代不符合的选择都要经受着巨大的考验。朱淑真做了这个选择之后，随之而来的是铺天盖地的流言蜚语。人言可畏，就看人有多大的能力可以承受流言。朱淑真踏出了追求爱情自由的一步，但也在这一步中香消玉殒。无法承受压力的朱淑真选择了投水而死。

那个时代无疑是残忍的，反抗时代的朱淑真是勇敢，可其还不够强大。与一个时代的对抗，是一般的意志所不能为，最终是一场壮烈的悲剧。

从这些才女的爱情悲剧里，我们更能体会清照以一己之力所做的对抗需要承受怎样的压力，需要有怎样的抗压能力，需要默默地给自己打多少气。清照就像是一个女战士，不达到自己的目标，终不会放弃，其值得所有人的尊重。

曾经，才华无限的清照凭借着社会地位和令无数人喜爱的作品，成为当时让男人倾慕和女人羡慕的最幸福的女人，声名

远扬；如今，在一系列对抗整个社会体系的行为之下，原先对
其才名的倾慕也瞬间转化为了对其女子德行的嘲讽。

　　这恩怨是非，就留给后人来评说。

当时只道是寻常

一切风波，终有平定的时候。

在这场婚姻中挣脱出来的清照，回到了杭州独居。此后，她将所有的心思都用来完成对丈夫明诚《金石录》的完善以及自身《〈金石录〉后序》的著书中。

经历过国破、家亡、流离、再婚、离婚等一场场劫难的清照，已没有精力和这世间有任何的抗争，心有戚戚焉。只是在每一个独处的日子里，在一朝一夕间，在一花一草间，在一梦一醒间，都会重回到那和丈夫明诚点点滴滴的岁月回忆中。

那是一段刻骨铭心的爱恋，那是一段相知相守的真情。如果有时光隧道，清照很想将这满腔的心事诉诸给这个生命中最重要的人。

清照想问问他：

是否还记得，大雪纷飞的时候，我常踏雪寻诗。每寻梅而归，你定要为我折梅插鬓，花容和面容相映而娇，那是多么美好的画

面；每乘兴而作诗，我定邀你为诗唱和，一唱一和间，有多少快
乐在流淌。还记得江宁城内，那一条我们走过多次的踏雪之路吗？
还记得在雪色的掩映下，那手挽手成双的影子吗？还记得，那相
视一笑的甜蜜吗？

"年年岁岁花相似"，如今，梅花已娇艳，在枝头竞相盛放。
想必江宁城内的梅花开似过往吧！然而，"岁岁年年人不同"，
我已年老色衰，不似花般娇艳，而那曾陪我赏花的人啊，已离开
我多少个日日夜夜了。敢与花儿比娇艳，是貌美犹在；踏雪而行，
是雪中有你；有心赏梅，是国泰民安。如今，花依旧，国破人已非。

就算手中有梅枝，也觉失了色彩，就算身处梅园，也无欣赏
的兴致了吧！

你看，那雨儿也似乎听到了我的心声，似要急着而来吹落那
满树的娇艳。这梅花的命运，也如这国家的飘摇，如我这身世的
飘零罢了。

清平乐

年年雪里，常插梅花醉。挼尽梅花无好意，赢得满衣清泪。
今年海角天涯，萧萧两鬓生华。看取晚来风势，故应难看梅花。

回不去了。回不去的是那踏雪的乐趣，回不去的是那插梅的

沉醉，回不去的是那琴瑟和鸣的甜蜜。如今赏花，除了回忆，一无所有，只留下泪湿衣裳。

我多么想坐在周围开满鲜花的秋千架上，在偶然的一瞬间能抬头发现，你正在不远处凝望着我；我多么想听一听汴京城内那卖花人挑着担走街串巷的叫卖声；我多么想买一支中意的花插在瓶内，就这样静静地赏玩一个下午；我多么想将花儿别在鬓角，等待着心爱的你归来，听到你用最温柔的话夸一夸我有多美丽的情话；我多么想和你在雪中再一同漫步，走到白头。

可是晚来风急，这花要落了，这回忆，也要碎了吧！

是否还记得，你毕生最爱的是金石事业，为了它，你从小就开始钻研；为了它，你走遍了全国的山水隐蔽之地；为了它，你不惜节衣缩食；为了它，你不分昼夜。

青州十年，你无官无职，过着半隐居的生活。可是，有了热爱的金石，我们过上了这一生中最安心的一段时光。我们一起赌书泼茶，一起四处寻访珍藏，一起闭门研修。那每得一物的欣喜，每失一物的落寞，每个清晨与日暮共度的时光，仅属于我们。

我们把所有的财产和大部分的精力都投入在了这项共同的爱好之中，过着清贫、节俭的生活。有了它们，我们不需要锦衣玉食的生活，只要坐在"归来堂"中，望着这一件又一件珍藏，便觉得拥有了全世界，那是一种他人无法理解的满足感。

世上夫妻间，能这般志同道合、琴瑟和鸣的能有几人？

无奈，天不遂人愿。

"今日忽阅此书，如见故人"，如今，重翻这《金石录》，你的手迹似乎像刚写下的那般新，你的身影似乎还在我眼前晃动，我能看到你，听到你，感受到你。

"侯在东莱静治堂，装卷初就，芸签缥带，束十卷作一帙。每日晚吏散，辄校勘二卷，跋题一卷。此二千卷，有题跋者五百二卷耳。"共勘校、秉烛赏玩，这往事一幕幕，要多清晰就有多清晰，就像你从未离开过一样。

"今手泽如新，而墓木已拱，悲夫！"可是啊，一旦从回忆里走出来，我就清清楚楚地明白，你走了有多久了，你墓前的树木都已经能两手合抱了。过往有多欢愉，此刻就有多苦楚。你留我一人在这世间，可知，这些年，我是怎样度过的？

我牢记着你的嘱托，携带着这些珍藏一路逃亡，受尽非良善之辈的坑害，一身疾病缠身，双鬓已斑白。为了完成你的遗愿，我要在这乱世之中隐忍而活。

你看啊，此刻的我已一无所有，仅有这用命守护住的部分金石字画了。这些东西就是我全部的精神支柱啊，为了它们，我耗尽了 27 年的时间来坚持整理。

这 27 年的日日夜夜，我像我们曾经一起研究的那样，不仅一个个地校正错字异文，而且进行相应的汰选和品评，做到上能合圣人的道德标准，下足以订正史官的失误，使得内容翔实、丰富。我从不敢有一丝的懈怠，因为我始终清楚地明白，你希望能做到最好。也许，唯一的遗憾是，你没有坐在我的对面。

　　只有在整理这些东西的时候，我才能真真切切地感受到，你还在我的身边。

　　只有和它们打交道的时候，我才能寻得"赌书消得泼茶香"的温存，我才能和回忆里的那个你续写着"金石缘分翰墨芬"的夫妻和鸣；我才能忽视这人世间的凄清。

　　若你还在身旁，这一切会有什么不同？我们的金石事业是否能惊叹世人？终究不过是我的想象罢了，除了潸然泪下，一切又会有何不同呢？

永遇乐

　　落日熔金，暮云合璧，人在何处。染柳烟浓，吹梅笛怨，春意知几许。元宵佳节，融和天气，次第岂无风雨。来相召、香车宝马，谢他酒朋诗侣。

　　中州盛日，闺门多暇，记得偏重三五。铺翠冠儿，捻金雪柳，簇带争济楚。如今憔悴，风鬟霜鬓，怕见夜间出去。不如向、帘儿底下，听人笑语。

一年一度的元宵节来了。以往在汴京，这样盛大的节日里，那些闺中的姐妹们有了属于自己的闲暇时间，就会三五相约一同到那繁华的汴京街上赏香车宝马。每个女孩的头上都会戴上一顶插着翠鸟羽毛的帽子和金线捻丝所制的雪柳，实在是美丽极了。

我也不例外，往往要插戴得整整齐齐，兴尽了才回来。

那年的元宵节，你从太学得假回来，我扮成了让你都没能认出的少年郎，最终知晓真相的你，也只能一脸宠溺地笑。而后，你带着身穿男装的我，在灯如昼的汴京城内逛遍了小巷，吃遍了小吃，享受了一段无忧无虑的游赏时光。

而现在，那繁华的欢乐时光已然成为了一场不可得的旧梦。

本是佳节，但这南方的春和北方是同一个春吗？这久居北方的人啊，如今在国破家亡之际，也只能寄居在南方了。临安再繁华，也不是记忆中的那个汴京。心中有对旧都佳节的思念，怎么会安心于在这没有根的临时之都临安游玩呢？

更何况，"如今憔悴，风鬟霜鬓"。曾经簪带济楚的少女模样已在多年的历劫中蓬头鬓发白，憔悴不堪了，还有何心思再打扮，即使打扮了又与谁看呢？

不过是隔窗听笑语，重温一场旧梦罢了。

没有你在的日子，没有家的日子，一切的繁华和重要日子都失去了意义。

"被酒莫惊春睡重，赌书消得泼茶香。当时只道是寻常"，那些过往看起来稀松平常的事，如今已成为了奢望，再也不能企及；悲从中来，亦无可奈何。

其实，我们每个人都忍不住回忆往事，但也害怕回忆起过往，因为回忆里往往都藏着美好，而现实是这般残忍，对比之间难免感怀。可是这样的回忆，却伴随了清照的中晚期。世事大体都是如此，就在不经意间，花落了，月缺了，风停了，一切都黯淡了。那些过尽的繁华，对其而言，都已是最美好的曾经。"悲剧就是把美好的东西毁灭给人看"，两个人的天荒地老，成为了一个人的冷月荒年。

物是人非事事休

武陵春

风住尘香花已尽，日晚倦梳头。物是人非事事休，欲语泪先流。

闻说双溪春尚好，也拟泛轻舟。只恐双溪舴艋舟，载不动许多愁。

　　一个人的日子，想做什么就能做什么，可，也什么都不想做。太阳已经升得很高了，何处可去，何人能相陪呢，梳洗打扮都免了，反正无人欣赏。

　　雨，终于停歇了，那窗外的花啊，落了一地。这零落的花，似曾相识，还记得那年"知否，知否，应是绿肥红瘦"的怜惜吗？如今，真是"海棠依旧"了。

　　花开花谢，一直以来皆是如此，明年，它们还会重开。可清照的人生，已不能重来了，青春已逝，岁月已老。物是，可人已非。千言万语，如鲠在喉，泪已先流。

若是这样下去，只怕能憋出一身愁怨，总要以什么来排遣吧！清照曾听闻，双溪的春景值得一看，也许能去那里划划船，散散心，在那溪水中重温美好的回忆。

可那单薄的小船哪，你是否载得动，那满腹心事和愁怨的清照呢？

"问君能有几多愁，恰似一江春水向东流"。愁，已经成为中晚年清照的日常。在这样的愁苦中，清照度过了一日又一日。随着年龄的增长，愁怨越来越浓。

又是一个清晨，骤雨急促，似琴声呜咽，清照想寻觅点什么来遣散这孤寂的心灵，可又何处去寻觅呢？四周已被冷冷清清包围，徒留下满心的悲戚和心酸。

声声慢

寻寻觅觅，冷冷清清，凄凄惨惨戚戚。乍暖还寒时候，最难将息。三杯两盏淡酒，怎敌他、晚来风急？雁过也，正伤心，却是旧时相识。

满地黄花堆积。憔悴损，如今有谁堪摘？守着窗儿，独自怎生得黑？梧桐更兼细雨，到黄昏、点点滴滴。这次第，怎一个愁字了得！

寻一壶酒，遣一时怀。

那南飞的雁啊，终有北归的一天，可我这只孤雁何时才能归故乡呢？"渺万里层云，千山暮雪，只影向谁去"，又有谁能为我解开这缠绕在心中的千千结呢？

那憔悴着落了一地的黄花，曾是人们争相欣赏的美景，如今在风雨的打击下，却让人避之不及。我看这花儿可怜，在花儿的眼中，我又何尝不是可怜人呢？谢了，落了，它的美，我的美，都已一去不复返了，都已无人再欣赏了。"金井梧桐秋叶黄，珠帘不卷夜来霜"，就连窗外这本就凄冷的梧桐在雨声中也愈发显得悲凉了。

孤单的陋室，孤寂的人，听雨到黄昏，愈听愈凉，愈听愈悲。

就这样，从寻寻觅觅到无处可消遣的三杯两盏淡酒，到眼看这南来北往的大雁，到冷眼旁观这一次次的花谢花开，从清晨到黄昏，再到夜晚的来临。

生命中曾经有过的所有灿烂，终究都需要用寂寞来偿还。每一天，每一月，每一年，从春到夏，从夏到冬，季节轮回，周而复始。变化的是时间，不变的是清照只一人度过这漫长的一天又一天。怎能不生愁？

可，又能改变什么呢？谁能懂她的心？聚散起落，悲欢离合，都是一瞬。

　　无儿无女承欢膝下，相爱之人不能携手共老，注定是孤独终老。

　　然而，清照终是一代才女，她想，她还能做点什么，能留下些什么？邻居家孙姓友人的女儿年方10岁，是一个聪明伶俐的孩子，深得清照的喜欢。清照想，如果能将毕生所学倾囊相授给这个孩子，也算是不负这一身的才华了。

　　没想到，这个小孩听到眼前这个白发苍苍的老人家的想法后，脱口而出的是："才藻非女子事。"这让清照能作何反应呢？更没想到的是，孩子的父亲听到自家小孩的回答后，直言自家的孩子是一个有出息之人，真是令人哭笑不得的"出息"。

　　他们哪里知道，眼前的这个老人家，究竟有多少的才学，究竟有过怎样波澜起伏的人生，究竟骨子里有多少傲气，日后会成为历史上怎样耀眼的人物。

　　那一年的江南，在一个引人惆怅的下着细雨的日子。屋外的海棠花在雨中凋零了一地，花谢花飞花满天，似乎在向这世间展示这最后的美。茅舍内，一盏烛光闪着若有若无的光，在这光影中，一个佝偻的身影永远静止了。

　　这个漂泊无依、无家可归二十余年的女子，终于和她梦中的一切相见了。

　　在梦中，清照回到了那个"争渡，争渡，惊起一滩鸥鹭"的夏日午后；感受到了 50 年前"和羞走，倚门回首，却把青梅嗅"初恋的心动；沉醉在了"买得一枝春欲放""云鬓斜簪，徒要教郎比并看"的新婚燕尔；也重温了那苦亦甜的"莫道不消魂，帘卷西风，人比黄花瘦"的思念……在梦中，清照终于和心心念念了数十载的明诚赌书泼茶了。

生离死别的痛，流言蜚语的伤，颠沛流离的苦，一切都已经结束了。

清照在那个时代永远地离开了，却以一代女词人的身份在世世代代里永恒。

第六卷

若无闲事挂心头

　　你所知道的清照是以诗词流传千古的婉约派女词人，是一个与丈夫明诚相知相守的幸福女人。可你不知道的是，清照的生活远不止这一些。清照爱茶、爱酒、爱花、爱打马，不管是在繁华的京都，或者是清贫的青州，又或是颠沛流离的日子，这些爱好都始终陪伴在她身边。而你不知道的还有，清照能婉约，亦能豪放。

最是清茶淡淡香

中国，是茶的故乡。早在四千多年前的神农时代，人们就发现并开始使用茶。直到现在，茶仍然是人们生活中的必需品，茶文化在中国可谓是源远流长。

宋朝是茶文化的重要发展时期，献茶、定茶、元宝茶等茶艺的一系列变化丰富了茶的文化形式和社会层面。社会上不仅有专业的品茶团，就连皇帝也是"茶粉"，而民间也风行斗茶，茶业十分兴旺。

在古代，一壶好茶的诞生要经过炙茶、碾茶、烹茶、泡茶、分茶、饮茶等多种程序。这需要时间和耐心，需要煮茶之人慢条斯理的细腻，需要一种恬静的心态。长久精心煮茶之人，在这样的习惯之下，自然越来越静，也越来越淡雅。

茶能养人，也能养心，想来，爱茶之人，脾性不会很差。

白居易爱茶，"起尝一碗茗，行读一行书"。以茶助诗兴，以茶助文思，以茶走进老百姓的生活，茶与它悲天悯人的情怀也紧密相连。苏东坡爱茶，他喝茶讲究"三美"，即茶美、水美、壶美，对水质、茶叶、煎法、器具都颇有讲究，凡他所到之处，都要挑泉水做茶，在茶道中习得了"行到水穷处，坐看云起时"的淡泊宁静。欧阳修爱茶，"吾年向老世味薄，所好未衰惟饮茶"，官场沉浮四十余载，茶让他在崎岖的从政之路有了精神的依靠……也许，自古才人多爱茶。

我们都知道，清照是婉约派的词人，这对她和茶的密切关系有一定的影响，而茶，在她的一生中扮演着重要的角色，几乎是她人生情绪的波浪线。

生活在书香门第，从小接受开明式教育的清照，生活品位从来都不低，走的是高雅风。她是爱花之人，也是爱茶之人，从她与丈夫"赌书消得泼茶香"的日常生活情调就可见一斑。然而，她的爱茶之举远不止于此。

茶不仅是她的生活必备饮品，也是她所具备的一种技艺，更是她的一种精神生活。

"春到长门春草青，江梅些子破，未开匀"，在这样一个阳光和煦的春天，碧草也展现出了蓬勃的生命力，那些江梅虽开得晚一些，却也有一些红的、白的、黄的。小花苞在等待着绽放，一切都是那样沁人心脾。这样的日子，自是煮茶的好时机。

清照临窗泼墨后，便静下心来煮上一盏春茶。《文昌杂录》

记载："韩魏公不甚喜茶，无精粗，共置一笼，每尽，即取碾。"如此惬意的天气，清照亦借着春光悠闲地将青绿色的团茶碾得细如尘，再将拂晓时分采摘的花叶露水煮上茶。

"碧云笼碾玉成尘，留晓梦，惊破一瓯春"，春色中，清照一边煮茶，一边追忆起了和丈夫的点滴。此刻，丈夫明诚正外出任官，何日才是归期呢？清照把思念寄托在这沸腾的茶水中，喝下一杯清茶，才能淡化那抹思念。

她等着，等着丈夫回来共享春色，等着丈夫回来煮茶论诗。

无聊的时候，烦闷的时候，思念的时候，欣喜的时候，惬意的时候，想一个人静下来的时候，想和朋友相聚的时候，一杯清茶足已。茶就这样成为了她日常的一种消遣，成为了她静心的一种方式，成为了生活中所必须要有的仪式感。在这样的茶思中，她度过了多少发呆的时光，沉淀了多少小女人的爱怨情思。

当然，爱茶的清照茶艺当然也不差，尤其是分茶的技艺更是高超。

在宋代的茶文化中，分茶是一个重头戏。所谓的分茶又称茶百戏或者是水丹青，是一种茶与水的相遇。凭借烹茶者的手艺在茶碗的盏面上变幻出富有奇特色彩的文字和画面，这些画面有时像草书般劲疾，有时就如丹青般淡雅，似山水云雾，似水墨画。"禽兽虫鱼花草之属，纤巧如画，但须臾即就散灭"，因为有这样的神奇之处，使得其具备了娱乐性和欣赏性，自然就受大众的推崇，很快成为了盛行于宋代的文娱活动。

在清照的作品《转调满庭芳·芳草池塘》中，她仅以"**生香薰袖，活火分茶**"八个字就写出了她的茶艺。在一场和好友的聚会中，清照悠然自得地煮着茶，在跳动的火苗中，水沸腾起来了。清照单手执壶，让沸水由上而下注入盛有碾好的茶末的茶盏中。时而高，时而低，时而变化注入的手势，淡定自如。任盏面上的汤纹水脉生成不同的图案，再由其散灭，然后用茶匙从茶汤中舀出煮好的茶给众人分饮。

好友们坐在一起谈论时事，谈论当下的流行，谈论诗词歌赋，谈论闺中之事，无所不谈，自在畅怀。大家喜欢喝清照煮的茶，喜欢欣赏她分茶的技艺，更喜欢这样相聚的时光。同样，这于清照而言，是最平常不过的事，也是最轻松自在的时光。

有人说，品茶品的是一种心情，是一种人生，于清照而言，也是如此。如果说，她最初品茶是源于一种兴趣和一种高雅的生活方式，又或者是一种静谧以及欢乐的氛围，那后来慢慢地就成为了一种抚慰心灵的方式。而再往后，这样的品茶更多的是一种对往事的留恋。清照的生活中离不开茶，她的人生也如一杯茶，由甜到苦。

在汴京和青州过着岁月静好的生活时，清照得以有品茶的闲情逸致，而经历过国破家亡之后，"生香薰袖，活火分茶"，于她而言已是一去不复返。南渡之后，她只能睹物思情，在茶盏间回忆一幕幕的曾经，回忆那"当年曾胜赏"的地方。

即使有品茶，这茶间也多了万般苦涩。

鹧鸪天

寒日萧萧上琐窗，梧桐应恨夜来霜。酒阑更喜团茶苦，梦断偏宜瑞脑香。

秋已尽，日犹长。仲宣怀远更凄凉。不如随分尊前醉，莫负东篱菊蕊黄。

同样是阳光照耀在窗间，却是深秋的惨淡之光，愁！愁！愁！就连梧桐也是那般凋零。是啊，最爱的丈夫明诚去世了，而自己也是颠沛流离，除了借酒浇愁，还能做什么呢？而酒醉之后当如何，只能借苦茶醒酒，茶越浓，酒越醒。

此时品茶，却不是一份闲情，而是一种人生的滋味，一种说不清的愁怨。幸运的是，清照依然有茶相伴，依然有茶能解那万般凄凉，纵然今日已不同往昔。

可至少，有了茶，能让她追忆起往日爱情里无限甜蜜和温馨；有了茶，就让她能追忆起往日友谊里毫无拘束的欢声笑语；有了茶，就能让她找回一个人静静待上一下午时光的轻松与惬意。不是过往，品当下，能忆过往。

茶再苦，也比不过思念之苦、漂泊之苦；甜也好，苦也罢，且饮且过。

直到晚年，清照长期卧床不起，白发稀疏，茶的味道更是渐行渐远。

"病起萧萧两鬓华，卧看残月上窗纱。豆蔻连梢煎熟水，莫分茶"，那月已不是圆月，不过是残月淡淡地洒在纱窗上，徒增一丝凄凉。此时卧病的清照没有了品茶的闲情逸致，需要依靠茶水来细心调理。可这茶水与往日所饮不同，更多的是一种药方。

以往清照所饮的茶须经过"分茶"的工序，这是她很擅长的手法，而分茶专指不放置姜和盐的茶。可如今，清照的病是长期颠沛流离及抑郁所致，虽然能起，但仍须在细节上调养，以往的茶并不适合。于是，清照只能舍弃往常所好，饮用连枝带梢的豆蔻煎成的熟水来煮茶，再往其中放上姜和盐。豆蔻是一种多年生草本，其性温味辛，能放置在中药中，有去湿和调养脾胃的功效，而姜和盐也是驱寒的作料。

对于一生爱茶的清照而言，这是一种幸，还是不幸呢？

可终究，这茶同她终老了。

"如今也,不成怀抱,得似旧时那?"物是人非事事休,唯有茶香依旧。

或许在清照的心中,那一抹茶香从未走远,那是属于她小女人静静消磨时光的方式,也是她高雅生活的方式;那是她和丈夫明诚恩爱的见证,也是她和好友们相处的纽带;那茶香给了她无限的快乐,也曾陪着她走过凄清的岁月。

那一抹茶香已经融进了她的生命,一杯茶,一生路。

无论这茶的滋味在清照的生命里如何变化,在我的心中,她一直都是那个静坐窗前、手捧书卷的娴静女子,是那个和丈夫斗茶的幸福女子。

酒意诗情谁与共

　　酒，与中国的文人息息相关。李白以"举杯邀明月，对影成三人"，在酒中找一份逍遥自在；白居易曾以"晚来天欲雪，能饮一杯无"直邀好友刘十九来小饮夜谈；而一代枭雄曹操以"对酒当歌，人生几何"发人生之叹。

　　提到李白，人们的第一反应往往是"诗仙"和"酒仙"。李白爱酒爱到了什么程度呢？在他流传下来的一千多首诗词中，其中有四分之一就与酒有关。"人生得意须尽欢，莫使金樽空对月""天子呼来不上船，自称臣是酒中仙""举杯邀明月，对影成三人"……若是有酒，李白的生活自是恣意、欢快，其可配"酒仙"之名。

　　酒，与中国文人之间有千丝万缕的关系。

　　酒中之仙，男有李白，那这女，也只有清照能担其名了。常言道，"爱喝酒的女人不一般"，那爱喝酒，还有满腹才华的女人更不一般。在清照现存的45首作品中，写酒的诗词就占了26首，将诗词和酒完美融合，写尽了平生的喜与悲。

说到底，清照爱酒到了怎样的程度？这酒，又能反映出清照怎样的生活呢？

清照爱酒，愁也喝，乐也喝；一个人喝，两个人喝，一群人也喝；浓度低喝，浓度高也喝；年少时喝，年老了也喝，总之，她的生活中离不开酒，酒随其一生。

如果一个女子成年之后偶尔喝酒来适当释放，倒也能理解。可清照在十多岁就喜欢喝酒并且能喝醉，这在封建社会算是一桩奇闻了，就是现在也不是常见的事。

年少时的清照天真活泼，极少受约束，具有一定叛逆的个性，敢饮敢醉。在其喝酒的经历中，若要说喝得最多的一次，当属年少时的那次出游吧！三五好友久未相聚，相约游湖，正是有阳光的惬意午后，也无闲事挂心头，这么好的心情若是不喝上几杯，岂不是对这大好时光的辜负？最终，"兴尽晚回舟，误入藕花深处。争渡，争渡，惊起一滩鸥鹭"。怕是醉到已不识路，怕是醉到已然成为了一个"疯丫头"。

这醉，是清照的无忧无虑，也让读者品得几分兴致。

"少年不识愁滋味，爱上层楼，爱上层楼，为赋新词强说愁"，年少的人多少有一些少男少女的心思。清照也会偶尔伤春悲秋，陷入女儿家的忧思中。于是，举杯自饮，一醉方休。"昨夜雨疏风骤，浓睡不消残酒。试问卷帘人，却道海棠依旧。知否，知否？应是绿肥红瘦。"醉后浓睡，醒后尚有伤怀，这美好的青春是否就要消逝了呢？

和明诚成婚之后，酒并没有远离清照的生活，反而有了越来越多饮酒的情绪。

醉花阴

薄雾浓云愁永昼，瑞脑消金兽。佳节又重阳，玉枕纱厨，半夜凉初透。

东篱把酒黄昏后，有暗香盈袖。莫道不销魂，帘卷西风，人比黄花瘦。

曾经与丈夫明诚把盏东篱，一同品茶论诗，而今丈夫离家未归，留清照一人空对黄花，除了酒，清照又能与何人诉说呢？这酒是一种思念的滋味啊！

"新来瘦，非干病酒，不是悲秋"，你看，清照的思念已让其愈渐消瘦，可丈夫明诚仍没有归来，这酒越来越浓，这思念也越来越浓。

"酒意诗情谁与共？泪融残粉花钿重"，清照涂脂抹粉，精心装扮，只为丈夫而容，可明诚的归期还未定，何日才能相聚，在西窗之下共享饮酒作诗的恩爱时光，此刻，只有酒能懂清照的心，这酒是一种期盼的滋味啊！

在婚后的思念中，酒，是清照最为极致的表达。

好在清照还有三五知己或是投缘之人，也和其一同度过了难以忘怀的时光，这时，酒自然是免不了的。俗话说，"酒逢知己千杯少"，这事在清照身上早就得到了印证。什么是感情深一口闷？这种事清照在千百年前也已经干过了。"金樽倒，拼了尽烛，不管黄昏"，你看，若是遇到一个心仪之人，清照能和其喝个天昏地暗。

想象一下，与知心人窗前对坐，共赏黄昏，秉烛对饮，是何其浪漫的事啊！不得不让人好奇，这和才女对饮之人是谁，所谈又是何事呢？若有此知心人相伴，也是幸事。

"靖康之难"发生以后，这酒再也不似从前的味道了。

"故乡何处是，忘了除非醉。沉水卧时烧，香消酒未消"，酒成为了一种思乡的愁。那北方的故乡啊，何时才能回到你的怀抱，何时才能拥有那熟悉的味道。此时此刻，只有酒，才能让清照在梦中与心中牵挂的故乡相见；只有酒，才能让清照拥有故乡曾给予她的片刻的温暖，可是此刻的酒啊，是那般难以下咽，是那般苦涩封喉。"举杯消愁愁更愁"，怕是怕，不醉痛，醉了更痛，醒后更难以忘怀。

故乡不复相见，知己终各散天涯。清照面对的是一次又一次的分离，泪湿衣衫，只能以酒相送。"惜别伤离方寸乱。忘了临行，**酒盏深和浅**"，这酒的深浅又有何妨呢？清照甚至连这酒是怎样的滋味都已记不清了。千言万语道不尽，千言万语尽在酒中，这一别，不知何时相见，此生是否还能相见，以酒话别，话在酒中。

这之后，无数个黄昏，清照临窗独饮。

"**黄昏院落，凄凄惶惶，酒醒时往事愁肠**"，一个人的院落，一切显得那般冷清，只有酒才能解万般忧愁。只有醉后，清照才能短暂地忘记对逝者的思念，对故乡的怀念以及这漂泊之苦和孤寂之情的苦痛。这不是逃避，而是一种释放。一旦酒醒，这些深不见底的绝望就像一张网席卷而来，死死地将其捆住，令其无处排遣，无处释放。

"**三杯两盏淡酒，怎敌他，晚来风急**"，酒中再也喝不出那丝惬意，酒中再也找不到那三五知己，酒中再也没有临窗而饮的期盼。身没有安顿之处，心没有停泊之所，唯有酒能慰藉自己，可这酒真的能温暖得了清照的心灵吗？

清照饮酒，并不在意浓度高低，偶尔还会喝上一点儿烈酒，扶头酒就是其中之一。"**易醉扶头酒，难逢敌手棋**"，作为一个男子，宋朝词人贺铸喝上扶头酒都会醉上一番，其浓度可见一斑。然而，我们的清照倒不介意浓不浓，或是醉不醉。"**险韵成诗，扶头酒醒，**

别是闲滋味"，只要喝的时候能享受，喝倒了睡一觉起来，心中自是惬意。这不就是一个女汉子形象吗？要是在东北，估计直接以碗豪饮了。

中华五千年以来，爱酒者，清照当属女子中的第一；爱酒而毫不遮掩，其也属第一。酒是清照年少时个性的彰显，是清照新婚后恩爱的象征，是清照漂泊之后愁绪的寄托。或乘兴，或解愁，酒，是清照这一生离不开也绕不开的一份情。

清照本身又何尝不似酒呢？时而淡，时而浓，在历史的长河中越陈越香。

有了这酒，我们才得以走进清照的内心世界，探寻那最深层次的丰富人生。

写罢，只想问一声易安居士：在梦中，能否与你对饮一杯？

自是花中第一流

　　中国历代的文人在创作之时，往往都喜欢以"物"来寄托情感或引发某种深思，如"疏影横斜水清浅，暗香浮动月黄昏"是君子般品性的寄喻；"宁可食无肉，不可居无竹"亦是一种谦卑和正直的君子之风；"红豆生南国，春来发几枝"是一种恋人之间的思念之情；"此夜曲中闻折柳，何人不起故园情"亦是一种对故乡的留恋。在文人的眼中，物不仅是物，有时是一种心情，有时是一种选择，以物寄思，以物明志。

　　梅兰竹菊，飞鸟明月，都是文人们常见的选择。花，应是文人们最爱的选择之一，因为花随处可见，也容易引起遐思，且花的种类多，所代表的品性亦多。

　　王安石选择以"墙角数枝梅，凌寒独自开"表达出坚贞不屈的傲然；崔护以"人面不知何处去，桃花依旧笑春风"表达出对物是人非的悲凉；陶渊明以"采菊东篱下，悠悠见南山"

表达出远离官场的惬意……花，是诗词里最常见的意象。

作为一代女词人，且是以婉约为代表的女词人，清照自是和花有扯不断的关系。清照以"花语"来倾诉心事，将花当成平生的朋友。花，与清照的一生结下了不解之缘。在这些与花有关的词作里，我们不仅能看到花的风韵，也能感受到人的风骨。

有人做过专门的统计，在清照现存的四十多首作品中，其中提到花类的有三十多首，而提到具体的花名的有二十多首，直接咏花的有近十首，足以见其喜欢的程度。

人们都读过清照的《如梦令》一词，词中"*知否，知否，应是绿肥红瘦*"一句，极其自然地写出了作者对雨后被打落的海棠花的怜惜之情，让人真切地感受到了清照对海棠花的偏爱之情。

其实，在清照写花的词作中，另一首写海棠花的词更能体现出她的偏爱。

好事近

风定落花深，帘外拥红堆雪。长记海棠开后，正伤春时节。

酒阑歌罢玉尊空，青缸暗明灭。魂梦不堪幽怨，更一声啼鴂。

正是暮春时节，你看，那风虽然已经停了，可是风过之后，落下的是一地的花啊！那红的蕊，白的花，一瓣一瓣地凋零，叠成了一层又一层，又有谁来怜惜呢？此情此景，不就是那一年海棠花在雨后的情景吗？或许，这就是该伤春的时节吧！那一年，怜惜的是花，可如今，这凋零的花，似是清照零落的人生啊！怎能不悲从中来呢？

同样是写海棠花，可后者比前者所寄托的凄苦之情更重，故事性也更强。

海棠花的词在所有写花的词中仅占两首，可写梅花的词却有 10 首之多。

"海燕未来人斗草，江梅已过柳生绵"，那年，正是妙龄年华的清照，在院中种下了一株梅树。院外是纷纷扰扰的汴京城，而院内是清照的小世界。不知不觉，梅树的花期已过，杨柳正在飞花，女孩们在院中斗草嬉戏，好不欢畅。

"和羞走。倚门回首，却把青梅嗅"，那年，在情窦初开的年华里，清照遇到了令她怦然心动的他，慌乱而窃喜之中的人啊，和这活泼而有生机的梅花一样娇艳。

"共赏金尊沈绿蚁，莫辞醉，此花不与群花比"，那年，清照和心中所爱的人订婚了，既是两情相悦，又都是年少得志的才子佳人。眼见着眼前这梅花正是半开的旖旎，颇有一番"犹抱琵琶半遮面"的娇羞。心中欣喜，自然是觉得没有花能与梅这即将盛放的姿态相比，何况，这梅花本就冰清玉洁，与群花不同。

"不知酝藉几多香，但见包藏无限意"，那年，清照的父亲李格非被判为元祐党人的同党而逐出京师，这甜蜜的生活在现实的变故面前忽而消失，如这已开苞蕴含着无限春意的梅花，却转瞬就落败，全然没有了盛放的姿态。

"花影压重门，疏帘铺淡月，好黄昏"，那年，朝廷解了元祐党人的封禁，清照得以重返京城，一路所见都是花影婆娑，这样的黄昏怎会凄凉，正是回家的好日子。

"一枝折得，人间天上，没个人堪寄"，那年，丈夫明诚已去世，虽然梅花已开满枝头，可就算折下梅枝，也没有人能与清照共赏了。

……

梅中有我，我中有梅，清照人生的每一个重要阶段，都有梅花的陪伴，这梅花才是其骨子里钟爱的花，是其喜怒哀乐的情绪所托，是一种情有独钟。

"兴尽晚回舟，误入藕花深处"，这藕花是清照如花的生命年华。荷花的娇艳与少女的青春美丽相结合，实实在在是人面荷花相映红，是最自由的生命状态。

"卖花担上，买得一枝春欲放"，这玉兰花正沾着春天的露水，映衬着这将放未放的姿态，实在是娇美得很。这春花和少妇，哪个更美呢？这是爱情里女子的醋心啊！

"何须浅碧深红色，自是花中第一流"，这桂花虽没有浅绿深红的耀眼色彩，可它却默默地将芳香留在了人间，就如那秉性温和的女子一般，有着动人的韵味。

"满地黄花堆积，憔悴损，如今有谁堪摘"，这菊花在秋意正浓时盛开，自然带着一种肃杀之气。如今，清照经历了国破家亡，正过着苦楚的孀居生活，也只能由这菊花随意枯萎。这满地的菊花，不正体现着词人心中的憔悴与悲苦吗？

从少女时期到婚后生活，再到孀居生活，花从来没有离开过清照的诗作，尤以婚后为多。而婚后以写梅花为主，这大约和清照与丈夫踏雪寻诗的经历有关吧！

海棠、梅花、荷花、玉兰花、桂花、菊花……不同的花是不同的心态，不同的花见证着不同的人生经历。花，是清照人生中不可忽略的心声。

清照爱花是一定的，至于最爱何种花，其实，并没有定论。因为一个人在不同的人生阶段，在不同的场合，对同一事物的喜好都不尽相同，何况是不同的事物呢？也许年少和新婚时，偏爱娇艳的花；而到了中年经历过一些风雨，更喜欢有品性的花。到老年的时候，花就是一种情怀，一种能寄托哀思的东西罢了。

　　遇到一个懂花之人，是花之幸；而一生有花相依相随，是清照之幸。

命辞打马须纵情

　　打马是古代的一种棋艺游戏，可以博输赢，其中的棋子就叫作"马"。和现在的中国象棋类似的是，打马也有规则，有固定的格局和专门的图谱。然后由打马的双方通过马来进行排兵布阵、设局、进攻、防守、闯关、过堑等一系列的操作。

　　和象棋的棋盘稍有不同的是，在打马棋盘的周围通常还会画上"骐骥院""函谷关""赤岸驿"等圆圈，代表着不同的名号，这也是游戏的关键所在。这不同的名号当然就有不同的功能，例如马一旦入了"赤岸驿"这个圆圈，对方的棋子就不能攻入；而同样，如果马入了对方的"赤岸驿"，那就有再掷一次骰子的机会。

　　打马者每人有 20 匹马，这些马上多数是刻着古代名马的名字，而马的行走完全依照骰子的投掷结果而定。一局棋中，有骰子三颗，一共能投掷出 56 种结果，最终以计袭敌之绩，来定赏罚，或者是判输赢，可见这打马的复杂程度。

　　如果说中国的象棋是一种智慧的体现，那打马也不是一般人能为之。打马的规则和方法同样有很多，谁输或谁赢，其关键也就在于打马者的智慧和谋略。

偏偏才女清照就是一个打马爱好者，甚至是一个"忠粉"。

自古以来，人们为清照贴上了很多的标签，在打马这事上也不例外，最常见的就是"女赌神"。若是论古今第一才女，人们一致认为是清照，可若是论这古今第一女赌神，这清照也是名副其实吧？那绝对是令你心服口服。

在宋朝，赌博的游戏有很多，博塞、弹棋、族鬼、胡画、选仙、加减等，多达几十种。清照要么就是认为它们庸俗，要么就是认为太简单，要么就是觉得不能取乐。而清照要选择的赌戏定是能体现聪明智慧的且能和人一同取乐的。"独采选、打马，特为闺房雅戏……"最终，清照挑中了采选和打马。

清照打马的博戏和赌博又稍有不同，赌博纯粹是以赌钱为目的，只注重输赢的这个结果，而清照打马的这种博戏则是以玩乐为主，其费时费力且技巧性强，即使偶有彩头，也就是增加闺房中的一个乐趣。

那清照爱打马到了什么程度呢？用她自己的话说就是"予性喜博，凡所谓博者皆耽之昼夜，每忘寝食"。天生的骨子里就爱着这种东西，只要有博戏的地方，就可以沉迷其中，甚至可以达到废寝忘食的地步，只有名副其实的爱才能做到这地步。

金兵入侵，四处逃亡的那段日子里，清照的博具几尽丢失，但她内心里从没有忘记过这件事，只要在稍微安适的时候，就会想起打马。正如她在文中所写"自南渡来流离迁徙，尽散博具，故罕为之，然实未尝忘于胸中也"，可谓是念念不忘。

正是因为爱，才会对其多有研究。为此，清照还专门写有《打马赋》和《打马图经》两篇文章来对打马这项博戏进行专门的介绍，其中不乏图文并茂的方式。此外，文章具体地写了自己和打马之间的故事，这两文也成为了后世研究打马的主要资料。

正是因为爱和研究，清照的打马技术可谓一流，精湛到从未败北的地步。"但平生随多寡未尝不进者何？精而已"。几乎玩了一辈子博戏的清照，无论玩多少次，从来都是赢。"博者无他，争先术耳，故专者能之"。清照甚至在文中分享了每赌必赢的诀窍。像有这样技术的人在历史上也是少见了，难怪能以此流传千古。

清照在精进的基础之上，还发明出了一种新的打马方法，称为"命辞打马"。她在《打马图经》中告诉世人，"使千万世后，知命辞打马，始自易安居士也"。言辞间尽是对打马的喜爱和在这件事中所取得成就的自豪感，而后世确如其所愿。

从古至今，赌是一种从上到下的社会现象。好赌之人不在少数，男人暂且不论，单是女人且是出名的女人而言，就有慈禧太后、杨贵妃、武则天等。慈禧太后专爱麻将，杨贵妃酷爱"彩战"，武则天痴迷"双陆"，这都是史上出了名的。

可要像清照这样对爱赌之事进行专门的研究并写文留传的，只怕是仅此一人。就是个赌，也要赌得千古留名，赌出境界，赌到豪气干云，清照不可谓不奇啊！

巾帼不让须眉

花自飘零水自流。一种相思，两处闲愁。此情无计可消除，才下眉头，却上心头；

寻寻觅觅，冷冷清清，凄凄惨惨戚戚……这次第，怎一个愁字了得；

物是人非事事休，欲语泪先流……只恐双溪舴艋舟，载不动许多愁。

……

年少时读清照，原以为婉约和忧愁是清照的生活。如今重读清照，才发现这个女子有这样跌宕起伏的一生，这个女子从不甘心被封建社会的牢笼所束缚，这个女子骨子里有倔强，有豪迈，有一股不肯轻易屈服的傲气。

"生当作人杰，死亦为鬼雄。至今思项羽，不肯过江东。"大丈夫都不能言的话，清照能在滚滚乌江水畔，对着这乱世慷慨激昂地悲愤而出。

事实上，清照的巾帼之风还有诸多被掩埋。

在前文中已提到，清照年少的时候，就曾作过《浯溪中兴颂诗和张文潜二首》。

其一

五十年功如电扫，华清花柳咸阳草。

五坊供奉斗鸡儿，酒肉堆中不知老。

胡兵忽自天上来，逆胡亦是奸雄才。

勤政楼前走胡马，珠翠踏尽香尘埃。

何为出战辄披靡，传置荔枝多马死。

尧功舜德本如天，安用区区纪文字。

著碑铭德真陋哉，乃令神鬼磨山崖。

子仪光弼不自猜，天心悔祸人心开。

夏商有鉴当深戒，简策汗青今具在。

君不见当时张说最多机，虽生已被姚崇卖。

其二

君不见惊人废兴传天宝，中兴碑上今生草。

不知负国有奸雄，但说成功尊国老。

谁令妃子天上来，虢秦韩国皆天才。

花桑羯鼓玉方响，春风不敢生尘埃。

姓名谁复知安史，健儿猛将安眠死。

去天尺五抱瓮峰，峰头凿出开元字。

时移势去真可哀，奸人心丑深如崖。

西蜀万里尚能反，南内一闭何时开。

可怜孝德如天大，反使将军称好在。

呜呼，奴辈乃不能道辅国用事张后专，

乃能念春荠长安作斤卖。

　　这两首诗对大唐由盛转衰的原因做出了细致的分析，并以"西蜀万里尚能反，南内一闭何时开"劝诫宋朝统治者要引以为戒，甚至直接向宋徽宗进言"夏商有鉴当深戒，简策汗青今具在"。年纪轻轻的女子不是将全部的眼光置于闺房之事和少女的那些小心思，而有着一种更广的视角和一种忧国忧民的情思，这种家国情怀在清照很小的时候已经在心中埋下了。

　　当父亲李格非遭到朝廷的贬谪之时，清照曾向公公赵挺之寻求帮助，而赵挺之的袖手旁观让清照一度寒心。虽然封建社会中，女子嫁入夫家，应以夫家为天，但清照毫不顾忌这样的上下尊卑的家庭等级观念，直接以"炙手可热心可寒"表达出自己的不满，以讽刺赵挺之此等行为，其骨子里的正气和反叛精神呼之欲出。

　　苏轼、黄庭坚、秦观等人是当时的名士，在社会上颇有一定的地位，且这几人多少与李家有一些交情，就连清照自己也从他们身上学过不少学问。但当他们的观点出现错误的时候，清照并不会盲目地跟随，以一个无名小卒的身份毫不避讳地指出他们观点中的弊病所在，提出自己的观点。虽狂不可及，但挑战男权的勇气实在令人敬佩。

　　南渡之后，清照曾于流离的过程中在海上飘零过一段时间。本是逃亡路上的风波之险，清照却能以"天接云涛连晓雾，银河欲转千帆舞"来描绘这壮美、辽阔的海天一色之景。这文字一改往日的婉约风格，颇有李太白之风。"我报路长嗟日暮，学诗谩有惊人句"，在这茫茫大海之上，清照梦到了天帝派人来问起她的归宿之处，而清照遗憾的是空有一身才学，却无知音。怀才不遇是文人常有的感怀，清照作为女流之辈也有生不逢时的感慨，这和一般女子就大有不同。更重要的是，清照并不是一味地感慨，"九万里风鹏正举。风休住，蓬舟吹取三山去"，她相信，会有风助力把她直接推向"仙人居"。这一往无前的气势，这从心底喷薄而出的胆气，把清照性情中豪放不羁的一面展露无疑。

　　作为一个女子，清照有对现实的失望和不满，有对未来的憧憬和向往。她敢于把这些以诗词的方式表现出来。因为清照就不是一个相夫教子、墨守封建旧俗之人，她有血肉、有思想、有主见、有目标，也有对国家命运的担忧。

面对国仇家恨，山河破碎，而朝廷屡屡无作为，一介封建社会女子奋笔疾书，在《上枢密韩公，工部尚书胡公》一文中，洋洋洒洒数百字，疾呼"**子孙南渡今几年，飘流遂与流人伍。欲将血泪寄山河，去洒东山一抔土**"。对社会现状的剖析，对平民百姓的同情，对外敌的仇视，对国家未来的担忧，若心中无丘壑，言怎会心声？

面对外敌的入侵，清照的心中燃起了一团火。"**两汉本继绍，新室如赘疣。所以嵇中散，至死薄殷周。**"就是在金人相继扶持了伪齐、伪楚两个完全傀儡的政权来打击抗金武装和人民之后，清照写下的以古喻今的反抗之诗。

听闻南宋朝廷偏安一隅，向金人割地赔款之后，这个有着家国情怀的女子坐不住了，以笔为武器，毫不留情地哀叹南宋朝廷的不振，讽刺朝廷的无能。

题八咏楼

千古风流八咏楼，江山留与后人愁。

水通南国三千里，气压江城十四州。

"金人连年以深秋弓劲马肥入寇，薄暑乃归。远至湖、湘、

（）

二浙，兵戎扰攘，所在未尝有乐土也"，金人如豺狼般贪婪，这样的奴颜婢膝不仅不是长久之计，更让大宋江山永不宁日。此时朝廷的退让和软弱，不是把国事的忧愁留给后人了吗？

当年的贯休宁愿选择背井离乡，向着蜀川这样的艰苦之地远走，也不愿妥协地将"十四州"改为"四十州"，南宋王朝为何就没有这样的骨气呢？

如此一针见血地暗讽当时的王朝，千古以来，大丈夫又几人能为？

言为心声，这样的诗词读起来，我们仿佛读到了另一个清照。也许有愁，但不仅是愁己，更是愁社会、愁国家，是大愁、大悲，大到有一种愁肠中的壮阔和豪气。似是杜甫"感时花溅泪，恨别鸟惊心"的悲叹，似是辛弃疾"醉里挑灯看剑"的渴望；似是陆游"但悲不见九州同"的悲愤，言辞之间尽显巾帼不让须眉。

也许在这一点上，清照和辛亥女杰秋瑾更有几分相似之处。

秋瑾从日本留学归来之后，义无反顾地走上了革命的道路，她诗词中忧国忧民的家国情怀让人动容。

两人的相似之处，在于凭借着出色的才华、不屈的意志和芬芳的品德，倔强地在那个以男权自居的社会中发出了一缕女性的光辉，展示出了女子的巾帼之风，塑造了让后世敬仰的女性形象。临终前，清照哀怨着"寻寻觅觅，冷冷清清，凄凄惨惨戚戚"，秋瑾则发出一声"秋风秋雨愁煞人"的感叹，这是多么惊人的相似。

"不徒俯视巾帼，直欲压倒须眉"，这样的清照，是你认识的那个充满少女情怀的且多愁善感的女子吗？不仅性格豪放，诗词也可豪放，将那些埋藏于心中激昂的情绪，将那些深沉而又强烈的家国情怀，以手中的笔诉诸文字，发出属于一个女子在那个时代的呐喊，谱写出一首巾帼不让须眉的豪迈之歌。

第七卷

往事悠悠今犹在

　　一个真正的人才从来都不会被历史所掩埋，历史会记住他，人民会记住他。

　　一代词人李清照，人虽然已经离去，可她的词以及关于她的那些故事却始终在历史的记忆中，不曾远离。人们爱清照的词，赏之，赞之，模仿之；爱清照的人，以不同的方式纪念着她，让她在中华文化的历史长河中永生。

词苑千载永流传

中华，自古就是诗词的国度，人才辈出。从最早的《诗经》到后来的唐诗、宋词，诗词文化从来没有中断。中国的诗人、词人亦有千千万万，有多少被掩埋在历史的洪流中，又有多少名传千古。而清照，作为一介女子，能在这诗词的园林中独占一枝，并展现出最绚烂的色彩，可谓是中华诗词史上最靓丽的一道风景。

清照在青州屏居的近十年时间里，完成了人生一项最重要的作品《词论》。

在这本书中，清照以其敏锐的感知力、独特的视角、丰富的积累及犀利的言辞，对前人创作中的利弊得失都进行了与众不同的评价，使其成为一部惊世骇俗之作。

晏殊、苏轼、欧阳修等文学大家，都没能逃过清照的批评，如批评苏轼的词作"不协音律"，批评柳永的词作"词语尘下"，其在词作上张狂的程度，可见一斑。那这位女词人的词作如何，拥有着怎样独特的魅力呢？

清照词的魅力之一，在于其诗词所写内容的丰富。清照的词基本以南渡为界限，前期的内容多是少女的情怀以及婚后的闺中生活。而后期的内容则是以悼念亡夫、感伤国破、批判时事、怀念故土等为主。作品源自于生活，清照词作内容的变化就是以人生经历为转移的，没有这些经历，清照的词作成就不一定有这样高。不是每个人都有这样的人生经历，这也是清照能超越其他人的原因之一。

前期的作品中，就《如梦令·常记溪亭日暮》《点绛唇·蹴罢秋千》描写少女纯真生活的，以寥寥数笔就把少女的情怀表现得淋漓尽致；也有《减字木兰花·卖花担》《醉花阴·薄雾浓云愁永昼》写婚后生活的甜蜜及闺中女子对丈夫的思念的。

后期的作品中，有《武陵春·风住尘香花已尽》写对故国故人的忧思；有《清平乐·年年雪里》表达寻常怀思的作品；有《上枢密韩公诗二首》等为国事的义愤之作，后期的内容比前期更显得丰富。

除此之外，清照也爱写自然景物，其中就不乏梅、菊等物。《渔家傲·雪里已知春信至》就是写梅之作，尤以"此花不与群花比"一句写出了梅花的独特，吟咏至今；《鹧鸪天·暗淡轻黄体性柔》便是一首盛赞桂花之作。

清照通过诗词来写情感，写意趣，写生活；通过诗词来表现理想、抱负，在清照的诗词中，你能读到丰富的人生，也能读到多样的情绪，绝不会让你觉得单调。

正是这样全面而丰富的内容，让清照的词有一种无形的魅力，有一种以文抒情的真实感，让读者常常有一种代入感，产生一种难以忘怀的共鸣。

清照词的魅力之二，在于其诗词风格的多变。清照虽归为婉约词人一派，却又与多数婉约词人不同。柳永、温庭筠、李煜等人同为婉约派词人，他们的词作风格基本是委婉、含蓄、清丽、忧愁。可清照不同，其词以婉约派的浪漫多情为主，但也不乏飘逸大气的豪放之作，像"生当作人杰，死亦为鬼雄""欲将血泪寄山河，去洒东山一抔土""九万里风鹏正举。风休住，蓬舟吹取三山去"当属其列。像这样兼具婉约和豪放风格的词人，尤其是将两者都能写出特色的，在历代词人中并不多见。

清照词的魅力之三，在于其诗词技艺的精湛。清照曾提出词"别是一家"的观点，是其在考察了数百年的诗词创作实践中所提炼出来的见解，可见其功底之深。

宋词善于使事用典，清照尤为讲究用典，其对用典有着自己独特的见解。在清照的词作中，并不是通篇用典或是重叠堆砌，而是将典自然融入到作品中，让其词境与典融为一体，使得词的意境更深，语言更庄重、文雅。

例如，《夏日绝句》中，明明是对当朝统治者不作为的讽刺以及对卖国求荣、贪生怕死之辈的不屑，却不直接言明，而以引用项羽的英雄事迹来道破；《凤凰台上忆吹箫》中，为了表达对所爱之人此去的挂念，以"这回去也，千万遍《阳关》，也即难留"一句中《阳关曲》的典故抒发了留恋之情，意蕴悠长；《渔家傲》的"九万里风鹏正举。风休住，蓬舟吹取三山去"，也是灵活地借用了庄子《逍遥游》中的意象，来感叹世事的变化和对未来的向往。典的运用与意境总是这般契合，言简意赅。

清照词的艺术技巧的另一个特点是善假于物。在清照的作品中，纯写景或物的词作并不多，纯叙事或纯抒情的也不常见，而将个人的主观感受与客观景物或事物融合的却不在少数。"云中谁寄锦书来，雁字回时，月满西楼"就是以锦书、大雁等来抒发思念之情；"只恐双溪舴艋舟，载不动、许多愁"就是以水喻愁之多；"年年雪里，常插梅花醉"则是以雪和梅，来表达对往事和故国故土的怀念。

在词的具体运用上，清照有匠心独运的方式，往往让人眼前一亮。《声声慢》中的"寻寻觅觅，冷冷清清，凄凄惨惨戚戚"以14个叠词写出了心中的无限惆怅；《行香子》中的"甚霎儿晴，霎儿雨，霎儿风"以朗朗上口的儿化音让语言清新自然；《如梦令》中的"知否，知否，应是绿肥红瘦"以一问一答的方式巧妙地表达了淡淡的哀愁……表达的方式简而不俗，变化多样，用浅白的语言将真情娓娓道来。

或许是词中所蕴含的个性以及真性情的自然流露，或许是其在用词遣句的艺术技巧上的高超，或许是其词作内容的丰富及风格的多样性，奠定了她在词坛中的地位。

清照在世之时，就因词的造诣名扬天下，而清照去世之后，历史并没有把她遗忘，人们对清照的才华从来不缺少溢美之词：

"女子诵书属文者，史称东汉曹大家氏。近代易安、淑真之流，宣徽词翰，一诗一简，类有动于人。"元代杨维帧以此诵；

"男中李后主，女中李易安，极是当行本色。"清代沈谦这样评价；

"清照是中国文学史上一个最有天才的女子。"现代著名史学家容肇祖毫不吝啬他的欣赏；

……

已然长眠的清照，不知是否听到后世的赞叹之声！

清照在词作中的巨大成就，后世除了赞美之外，对其词的研究从来没有停止过。甚至清照的诗词还被译成了英、德、法、俄等国的文字，介绍给喜爱她的外国朋友。

"继'柔美的萨福'之后，不仅中国，而且世界的古代和中世纪诗歌史，恐怕都不曾有过一位女性可以与清照相比。"苏联作家巴斯马诺夫在翻译清照的《漱玉词》时曾给予过这样高度的评价，可见清照诗词的独树一帜。

　　毫无疑问的是，清照的词对后世产生了巨大的影响，且将永远流传下去。

一代词人有旧居

　　一个真正的人才从来都不会被历史掩埋，历史会记住他，人民会记住他，后世会以多种形式怀念他，如同杜甫有他的草堂，屈原有他的汨罗江，刘禹锡有他的陋室……这些人和这些地方成为了永恒的记忆，成为一代又一代人们参观和抒怀之所。

　　他们和文化永生。

　　生于济南、长于济南的清照，对济南怀有深厚的感情。从她的诗词中多次描绘济南的景色、生活，字里行间透出对济南的喜爱可见一斑。

　　同样，济南人民也对这样一个千古女词人充满着尊敬和发自内心的热爱。为了纪念她，济南人民在柳絮、漱玉二泉的北面，建造了一座清照纪念堂，这是中国四座清照纪念馆中规模最大、品位最高的一处。

　　众所周知，济南以"七十二泉"而闻名天下，而此馆却独独选择了柳絮、漱玉二泉作为建造地址，其实是有着特定的涵义。

据清代康熙年间的田雯和任弘远两位诗人的描述，柳絮泉的旁边就是清照的故居。田雯在《柳絮泉访清照故宅》中曾写到"*清照夕年人，门外垂杨树*"；任弘远在《柳絮泉访李易安故宅》中有诗句"*为寻词女舍，却向柳泉行*"。

另一方面，清照最著名的传世诗词集以《漱玉集》命名，此中的"漱玉"二字就是以济南著名的泉池之一漱玉泉题名的，漱玉泉就在柳絮泉的东北方。

从中可见柳絮、漱玉二泉在清照人生中的重要意义，因而，纪念堂选址于此。

纪念馆不是普通的建筑物，它的意义一是对历史人物的缅怀，二是承担着文化传承的使命，它的设计必定需要付出极大的心血和经得起大众及时间的考验。

清照纪念堂在1959年首次建成，是依据清同治年间山东巡抚丁宝桢的祠处辟建所成，位于趵突泉公园内，临近清照的故居。后来，此堂又经过了1980年的改建以及2000年的大规模扩建。在2001年，这座纪念馆开始对外界开放。

从大小来看，纪念馆和原故居共占地4000余平方米。

从设计来看，纪念馆的正面对称构图，坐北朝南，而四周凹凸有致，溪亭、叠翠轩、曲廊、耳房、悬山、飞檐回环错落，丰富多变。既遵循了清照所生活的宋朝建筑风格，又符合她的出生之地济南的传统四合院民居的风格与特点。

依照清照生前的喜好，纪念馆院内栽种了不少名贵的花木，如松树、海棠、荷花、玉兰等 30 余种，且数量有 200 余株。在这些名贵花木中，不乏桂花树、迎客松等引人注目的品种，其中的三株百年榕树更是院内的经典。

纪念馆虽位于北方，却并不缺少江南的特色，成为了南北结合的经典建筑。整个格调显得朴实而淡雅，不失婉约的风骨，这也恰巧符合清照本人的身份和气质特点。

如果说，这些外在的设计体现了建筑之人的巧思，对这座纪念馆的重视及清照的生活环境，那么，它的内在设计则高度展现出一个女词人伟大的成就和丰富的一生。

颜额悬木匾中的"清照纪念堂"五个有分量的大字由我国著名的文学家郭沫若在 1959 年亲自题写。在入口处可见一道极具古韵的屏风，正面题写着"一代词人"表明了清照的身份，而背面则是"传诵千秋"，彰显出清照的地位。

在纪念堂的正厅，赫然仁立着清照的全身雕像，手持一书卷，深锁其眉宇，似有所思，颇有女诗人的气度；雕像后面的诗句"一代词人有旧居，半生漂泊憾何如。冷清今日成轰烈，传诵千秋是著书"便是对其一生的写照。

正厅内所到之处，都是清照的文、图、画、书、像等，以丰富的史料全面地记录了清照这平凡而不平凡的一生。如清照的详细生平及一生的足迹图，历代文人墨客对这位女词人的不同评价，橱窗内还陈列着清照的不同词作。

在所有的陈列中，有一处尤为不同，这是一幅清照的木刻像，小巧、精致、轮廓简单，悬挂于墙上。木刻像上镌刻着"易安居士三十一岁之照"，而像的左右两侧悬挂着一副古琴状的木刻楹联："词人称三李，宋代有二姬。"这"三李"当是李白、李煜、清照，而此"二姬"则应是清照和朱淑真。这样的木质刻像及古人作画的技法，让古韵扑面而来，虽是厅内的一个小角落，却有着大智慧。

纪念馆的回廊内依次摆放着 16 块石碑，这些石碑大小不一，有的长 2.4 米，有的只有 0.75 米，但石碑上刻画的内容都是清照居住在济南时所创作的诗文，并且由书法大家欧阳中石、启功等刻画，成为了纪念堂中不可不看的亮点。

人们对清照的怀念，不可不用心，不能不用心。

毗邻纪念堂的清照旧居在原来的基础之上也增添了一些新的元素，最有特色的当属四组蜡像。第一组的"父母教诲"以其父母的出场还原了清照的家庭背景；第二组的"诗坛绽秀"中有文学家张耒、黄庭坚、周邦彦，正在辅导清照，体现了她的成长环境；第三组是"志同道合"，则是她和丈夫明诚在青州作《金石录》的场景；第四组"流寓江南"描绘了清照晚年一个人漂泊的凄凉。四组蜡像的场景，代表着清照人生中的不同阶段，透过这些场景，我们能窥见她一生的轨迹：出身于书香世家，年少成名，有过一段刻骨铭心的爱恋，却在漂泊中终老。

　　走进纪念堂，便是走进了清照的一生，这是世人对这位女词人最好的景仰。这张属于济南的文化名片将世世代代留存下去，成为不朽的纪念。

　　无论是百年、千年，还是万年之后，清照的名字和她的故事仍将存于世间。这就是一代女词人的魅力，这就是清照的传奇人生，这就是中华文化的向心力。

　　其实，清照纪念馆仅是为纪念清照所建的清照园中的一处建筑。据悉，这个坐落在济南市章丘区明水百脉泉公园西北角，南依百脉泉，东傍绣江河的清照园占地面积达到了18000平方米，早在1997年就已向游人开放。整个园林是苏州园林精华的呈现，又体现出宋朝建筑的风格，融多种设计于一体，是一处仿宋的江南民居建筑，也成为了研究清照的重要学术基地。

　　若是能走进这座北方之园，迎着济南的晨风，在柳絮、漱玉泉边听听泉声，在馆内读读来自千百年之前的诗词，倚坐在亭台楼阁间安静地聆听那些白发苍苍的老人津津有味地讲述着清照一生中的逸闻，这将是人生不可多得的际遇。

　　愿你我都拥有这样的幸事，能与这位千古女词人有一次以文化为载体的约会。

后记

　　但凡评价人的一生，我们常会以成功或幸福与否来定义。

　　清照的一生，是成功？是幸福？

　　且让我们再来回顾她这一生的足迹：生于书香门第，京师帝都；年少无忧无虑，自由成长；在最美好的年纪与怦然心动的人成婚；婚后琴瑟和鸣，志趣相投；一朝政变，离京屏居；青州十年，岁月静好；国破家亡，颠沛流离；晚来迟暮，无限愁思。

　　这样看来，清照的人生之书远不止一本，而是四本：一本是家庭，一本是爱情，一本是诗词，一本是国家。这每一本书里，都有不同的轨迹，也就有不同的人生感受。

　　清照的原生家庭给予她的，无疑是幸福。没有多少封建时代的女子能如她这般有父母的疼爱，且能得到良好的家庭教育，让其自由、快乐地成长。

　　清照的爱情，必定有过幸福，不过是幸福中有着苦痛。

　　最初遇见明诚的清照，是爱情最幸福的时刻，那种初恋的怦然心动，一生难忘。更幸运的是，清照有选择嫁给爱情的权利，而那个她爱着的人，也这般爱着她。婚后的清照，既享受到了丈夫万般的宠爱和志趣相投的快乐，也忍受了分离的相思之苦。爱着、苦着、乐着、悲着，捉摸不透的情绪，这是爱情本来的滋味。

后来，当爱情在现实面前出现裂缝的时候，清照也曾有过痛苦。可是终究敌不过相知相守的幸福，一切苦都能被淡忘。只是清照在这场爱情里最大的不幸是一生所爱的人先她一步离世，给她留下了永远无法愈合的痛。后走的，永远是最痛的。在这三十余载的时光中，清照都处在思念的深渊中。

这场爱情，到底是幸福，还是不幸福，每个人都有自己的答案。深爱是幸福，深爱也是不幸，爱得太深，所以清照终其一生都在思念这个已经归去的人。

在诗词人生里，清照是成功的，也是幸福的。

年少以诗词名震京城，受到无数的赞誉；婚后与丈夫明诚以诗词唱和生活，增添了无数生活的情趣；晚年以诗词为伴，度过了多少寂寥的时间。诗词，是清照这一生绕不开的情结，而其也以《漱玉词》跻身在群星璀璨的中华诗坛，名留千古。

那大宋王朝，留给清照的又是什么呢？在和平的年代，宋朝确实让清照感受到了盛世的安稳，然而动荡也带给了清照万劫不复。

清照的一生，不能以成功或幸福一概论之，其人生经历的丰富，内心情感的丰富，不是一条幸福的单行线，而是一条有无数起伏的曲线。

但我们能确定的是，清照是千古以来的奇女子。在那样一个特定时代，清照能以女性的视角，以一个女性独立和自由的思想，以不同于一般人的坚强，站在时代的巨浪中，勇于向传统观念发声，勇于记录真实的人生。

清照是幸运的，没有被"三从四德"的狭窄思想所束缚，才有了后来的才、学、识都到达了古代一般女子难以企及的高度，才能体验一般女子难以拥有的人生。

千百年后的我们，也是幸运的。

有了清照，我们才能读到千百年前一个女子在年少时代拥有的快乐时光，一个女子初恋时的幸福，一个女子遇到志同道合之人的幸运，一个女子的相思之苦，一个女子在离乱中的创伤，一个女子的家国情怀……

如果有幸读到了清照的词，你便是遇见了一代才女的婉约与豪放，遇见了一个古代女子的美丽与哀愁，遇见了一个朝代的风云变幻，这是文化之幸，是读者之幸。

历史纵是永恒，可是，能在历史之中留名的人少之又少。清照却能穿越时空，向我们踱步而来，并将向未来走去，这不能不是一个女子之奇。

清照，注定是历史的天空中那颗最亮的星。